ELSA SOPHIA VON KAMPHOEVENER

VON ALLAHS TIEREN

Am alten Brunnen des Bedesten

ROWOHLT

Buchausstattung Hans Hermann Hagedorn
Schutzumschlag- und Einbandentwurf
Werner Rebhuhn

1. Auflage dieser Sonderausgabe Februar 1978

Gesamtherstellung Clausen & Bosse, Leck/Schleswig
Printed in Germany
ISBN 3 498 09222 7

Vorwort

Ein Erinnerungsblatt für den alten Bazar in Stambul ist dieses, denn dort soll das Dämmern der Jahrhunderte der harten Sachlichkeit und unbarmherzigen Blendung der sogenannten Moderne weichen. Mehmed Ali, der Blinde, ist zwar keine historische Persönlichkeit, aber ihm gleich gab es zahlreiche, die im Bedesten lebten und die alten Mären und Legenden erzählten, wobei sich immer Zuhörer fanden, die ihre Geschäfte vergaßen um des Genusses willen, wieder und wieder die geliebten alten Geschichten zu hören, die heute in der Türkei noch ebenso lebendig sind wie eh und je.

Es darf bemerkt werden, daß der Bericht über die weinende Kuh, ebenso wie der über das Storchengericht, authentisch ist; beides wurde von der Autorin selbst erlebt. Wahres Erleben ist auch die Geschichte vom Armenier und dem Schriftlosen. Was von den Pferden gesagt wird und der Art, wie sie behandelt und geritten werden, ist ebenfalls Erfahrung eines langen Reiterlebens der Autorin, die

auch ihres Lieblingspferdes Namen ›Taseh‹ verwendete.
Voller Wehmut wurde hier jedes Wort niedergeschrieben, denn ebenso wie der alte Brunnen und der Bedesten verschwanden, ebenso wird es bald kein altes Stambul mehr geben, sondern nur eine unglückliche und verzerrte moderne Stadt, die allerdings immer noch am Goldenen Horn gelegen sein wird, das auch die krasseste Modernisierungssucht in seiner Schönheit nicht zu zerstören vermag.

ESvK.

Im Bedesten

Der älteste Teil des Bazars von Stambul war der Bedesten, eine Bezeichnung, die aus dem Begriff des Billigen und des Käuflichen gebildet zu sein scheint. Dieser Teil des Bazars war nach der altertümlichen Bauart hergestellt, als ein gedeckter Gang, mit einzelnen Kuppeln, die das Licht einließen, aber nur ganz gedämpft. Es war demzufolge dort immer dämmerig und kühl, was an heißen Tagen eine wahre Wohltat bedeutete und außerdem beträchtlich dazu beitrug, daß dort viel gekauft wurde. Die Händler, welche die verschiedenen Verkaufsstände innehatten, konnten meist angeben, daß schon des Vaters Vater an derselben Stelle gesessen habe und auf Kundschaft gewartet, die er dann, wie das dort üblich war, mit Kaweh bewirtete, ob nun ein Kauf zustande kam oder nicht. Sehr häufig aber waren hie und da die niederen Kaufstände geschlossen, will sagen, die Bretterverschlüsse, welche die Türen der inneren Vorratsräume verbargen, blieben vorgelegt. Das bedeutete, daß der Verkäufer von Teppichen oder von alten Stickereien oder von Edelsteinen oder auch kostbaren Duft-Essenzen sich auf einer Geschäftsreise befand, um neue Warenschätze zu erwerben. Diese Reisen fanden immer noch in Karawanen statt, so daß das Innere des Landes bereist wurde und mit unendlicher Ausdauer alles, was noch in Lagern der Wüstenbewohner oder in den Grenzorten der Wüste auffindbar war, mit leidenschaftlichem Spürsinn gesucht ward. Diese Karawanenreisen wurden oftmals bis nach Ispahan ausgedehnt, denn die Kundschafter für die alten, berühmten und vornehmen Händler waren zahlreich, und wenn einer von ihnen eine wirkliche Seltenheit entdeckt hatte, so war er sicher, auch einen großen Anteil am Verkaufspreis zu erhalten. Die Händler waren klug genug, um niemals knauserig zu sein, und deshalb wurden sie auch stets gut bedient.

Es versteht sich, daß das Aufsuchen wertvoller alter Stücke der Weberei oder des Teppichknüpfens, des alten syrischen Samtes auf Sultan Suleiman zurückgeht, den sie den Prächtigen nennen. Es heißt von ihm, er habe immer, wenn ihm ein schönes Weib gebracht wurde, geschlossenen Auges die Fingerspitzen über ein Stück syrischen Samtes gleiten lassen und erst, wenn die Haut der Frau an Weiche und Glanz den Vergleich aushielt, habe er die Augen aufgeschlagen und sie prüfend betrachtet. Wissen muß man von all diesen Dingen. Man muß erkennen, um was es sich handelt, aus welchem Jahrhundert es stammt, woher es kommt und ob es für jenen oder einen anderen großen Herrn bestimmt sein könnte. Wissen muß man von den Neigungen der Menschen, wissen von der Art, wie man ihre Wünsche weckt, wissen von den Grenzen zwischen Begehren und der Tiefe des Geldbeutels, nur dann ist man fähig und wert, einen Platz im Bedesten einzunehmen.

Sie waren die Elite der Händler des Bazars, diese meistens hochgebildeten und ruhig-vornehmen Männer, die dort verkauften, und es bedeutete oftmals wirklich eine Auszeichnung, wenn sie sich herbeiließen, jemanden als Kunden anzunehmen. Sie saßen dort auf den Sitzpolstern ihrer teppichbelegten niedern Vorbauten der Verkaufsplätze, rauchten in Gelassenheit, mit halbgeschlossenen Augen flüchtig das Leben und Treiben beobachtend, und wenn ein möglicher Kunde bei ihnen stehenblieb, es tat, nicht, weil dort irgend etwas ausgestellt gewesen wäre, was nie der Fall war, sondern weil er wußte, dieser eine Mann und kein anderer im Bedesten verkaufte — nun, sagen wir schwarze Perlen —, dann sahen sie ruhig und langsam auf, sagten »Bujurunus« und wiesen auf ein zweites Sitzpolster in ihrer Nähe. War der Kunde ein Einwohner der großen Stadt des Constantin, dann grüßte er und schwang sich in geübter Art auf den Vorbau. Darauf winkte der Händler einem der stets in der Nähe sich herumtreibenden Knaben der Kawehdjis, und der grüßte, verschwand, kehrte nach unglaublich kurzer Zeit mit zwei winzigen Finzans Kaweh zurück. Dann rauchte man und trank langsam den glühend heißen Trank, sorgfältig laut schlürfend, um Anerkennung der Zubereitung anzudeuten. Man sprach über die vielen Brände, die es in letzter Zeit in Stambul gegeben hatte, und wie die Tolumbadji wieder so viel gestohlen hätten und daß es doch niemals regne, wenn es Yangin gäbe, aber zu anderen Zeiten reichlich, und man rauchte ein Weilchen, schweigend vor sich hinblickend auf das Hin und Her der vielen Vorübergehenden.

Da kam einer, der hielt zwischen zwei Fingern einen Edelstein hoch, schrie, brüllte irgendeine Zahl, und wenn ihm aus irgendeinem der Stände des Bedesten eine neue Zahl zugerufen wurde, wie nebensächlich nur, dann vermehrte er das Wettangebot gleich dreifach, denn was im Bedesten geboten wurde, erhöhte den Wert des angebotenen Gegenstandes sogleich um das Dreifache. Derjenige, der so von weitem, kaum hinsehend, bot, tat es auch nur um der Aufregung des Spieles willen, ist doch der Moslim ein Spieler in allem, im flüchtigen Gewinn des Augenblicks und im großen Spiel des Kismet und des Lebens. Was nun den möglichen Kunden betraf, der auf dem zweiten Sitzpolster neben dem Kaufherren hockte, so kam dessen Zeit noch lange nicht. Im Laufe eines ruhigen und höflichen Gespräches ergab es sich dann — vielleicht —, daß der Kunde erwähnte, was ihn besonders reize, worauf der Kaufherr wie zufällig zwei Finger hob und zu unkenntlichen Tiefen hin nach rückwärts winkte. Aus nebelhaftem Dämmer unsichtbarer Räume materialisierte sich dann ein Jüngling, der offenbar rein divinatorisch den vom Kunden begehrten Gegenstand herbeibrachte.

Und dann begann erst das große Spiel des Bazarlik. Dann breitete der Kaufherr den Teppich aus oder zeigte die Stickerei oder den syrischen Samt — oder aber ... — o höchster Triumph! — eben den einen Edelstein, den begehrten, den gewünschten, den ersehnten. Und dann begann im Ernste das wahre, das wunderbare Spiel, das Spiel des Handelns. Der Kunde, der das Ersehnte zwischen feuchten Fingerspitzen des Begehrens hielt und der vielleicht bereit gewesen wäre, dem Kaufherrn irgendeine Summe

zu bieten, sie hinzuhauen und mit dem Erworbenen davonzuhasten, wußte genau — so er in dieser unserer großen Stadt daheim war —, daß es eine Beleidigung des Kaufherrn gewesen wäre, den genannten Preis ohne Widerrede zu zahlen. Hier und jetzt begann das schöne, das uralte Spiel der Geister, das, was andere Schach-Namé nennen, das Warten und Beobachten des anderen, das listige Zugestehen von des anderen Überlegenheit, das sanfte, unwiderstehliche Einschieben des eigenen Seins in die Berechnungen und Gedanken des anderen. Der Kaufherr weiß genau, weiß es bis in jedes Atemzuges Dauer seines Gegners oder dessen, den er um des Spieles des Bazarlik willen als Gegner betrachtet, was jener will und erhofft. Alles, was er selbst begehrt, ist, daß der andere ihm die Ehre eines Ringens der Geister zuteil werden lasse.
Müde ist er schon seit langem des Geschäftes der Fremdenführer, die ihm eine Herde völlig verblödeter Ferenghi zutreiben, die laut sind und lachen, nichts wollen als sicher sein, daß alle Moslim Betrüger sind und von ihnen durchschaut. Es genügt dem Kaufherrn, diesen Führern ihre Verdienstanteile zu übergeben, nein, übergeben zu lassen von seinen Dienern, und die ganze Bande fortgetrieben zu sehen zu solchen, die ihnen im großen Bazar

nach Belieben gefälschte Ware überlassen würden zum Vorteil der Fremdenführer. Aber was den Kunden betrifft, der sich eben noch auf dem zweiten Sitzkissen in der vorgeschriebenen Art aufrecht hält, so geht es darum, ihm diese schöne, von ihm ersehnte schwarze Perle, diese Frucht der dunkelsten Welle des ewigen Wellentreibens Allahs zu einem Preise zu überlassen, der seiner und des eigenen Spieles würdig ist. Und somit — Allah ismagladih — und kehre zurück zu mir, Efendidjim, du wirst immer finden, was dich erfreut, wirst immer dein Begehren erfüllt wissen, wenn ich auch nicht der bin, der Sultan Suleimans syrischen Samt verkauft!

In der Hauptstraße des Bedesten, unmittelbar neben einem der zahlreichen kleinen Brunnen, saß Tag für Tag auf einem dicken Strohpolster ein Mann am Boden. Er war blind. Er wurde einmal von diesem, einmal von jenem am Morgen hergeleitet, und ebenso beliebig wechselnd waren auch am Abend jene, die ihn zu seinem kleinen Wohnhaus zurückbrachten, die Hand immer nur leicht seinen Arm berührend. Er bewohnte in einer schmalen Gasse Stambuls eines jener niederen rötlichen Holzhäuser, und sein Weib nahm ihn dann mit einem heiteren Wort freudig in Empfang. Sie entledigte sich des Schleiers, den sie anlegte, wenn sie um die Stunde des Abendazan ihren Ehemann erwartete — denn wie hätte sie sonst vor der Tür seiner harrend stehen dürfen, da Fremde ihn zu ihr zurückführten. Im Hause dann begann sie ihm die Schuhe auszuziehen und die weichen schmiegsamen sockenartigen Babuschen anzulegen, brachte ihm eine Schale, damit er seine Hände vom Staub des Tages reinige, und führte ihn zum niederen Eskemleh an der kleinen Tafel, darauf sie ihm bereits alles handgerecht hingestellt hatte, so daß er es tastend leicht fand. Sie hockte ihm gegenüber, sah in sein ruhiges und immer freudiges Gesicht und betrachtete immer wieder voller Staunen die dunklen Augen, denen ihre Blindheit nicht anzusehen war.

Er verstand es gut, dieser Mehmed Ali, sich die Speisen zum Munde zu führen und dann die Finger in die neben ihm stehende wassergefüllte Messingschale zu tauchen. Von Geburt an blind, war er mit seinem Zustand nicht nur vertraut, sondern zufrieden. Sein Weib Narfilah war auch mit ihm und ihrer Ehe zufrieden. Sie war nicht schön, nein, ihr starkes, ruhiges Gesicht besaß keinerlei Lieblichkeit, aber sie hatte eine wunderbar klangreiche Stimme und sehr weiche Hände — das war es, was Mehmed

Ali an ihr liebte und was ihm das Leben verschönte. Denke niemand, daß er etwa ein blinder Bettler gewesen wäre — weit davon entfernt! Er besaß einiges Geld, und auch Narfilah war nicht arm, aber er war jenes seltsame Etwas, jenes völlig unberechenbare: ein Dichter. Er gehörte der großen weitverbreiteten Gilde der Erzähler fremdartiger Geschichten an und hatte von Jugend an immer die Kopfhaltung eines Lauschenden gehabt. Seine Mutter schämte sich dessen, daß sie ein blindes Kind geboren, und von ihr bekam der Knabe kaum je ein Wort zu hören. Sein Vater glaubte in diesem Schlag des Kismet eine Strafe zu erblicken und behandelte den blinden Sohn mit einer Mischung von Ehrfurcht und Scheu, die der feinfühlige Knabe als Fremdheit empfand. Daß ihm alles und jedes mit Ehrfurcht begegnete, verstand sich von selbst, denn der Moslim glaubt, daß der, dem die irdischen Augen verschlossen wurden, begnadet wird mit dem Blick für das, was Allah unserem Schauen nicht gewährt.

Daher rührt es auch, daß kein Blinder im Bereiche des Islam jemals einer seine Schritte geleitenden Hand entbehrt, denn er ist niemals verlassen, vergessen, allein. Mehmed Ali nun hatte in seinem Weibe Narfilah den einen, den ganz verstehenden Menschen gefunden, und so war er vollkommen glücklich und zufrieden. Sein Künstlertum trieb ihn immer wieder unter die Menschen, und er sagte oftmals, daß er nicht leben könne, wenn er nicht das leise Rauschen seines Brunnens im Bedesten höre, der ihm all das erzähle, was ein Mensch wissen dürfe von dem, was die Tiere denken und sind. Denn er sprach nur, sprach immer von Tieren. »Haiwanli Mehmed« nannten sie ihn, das heißt etwa Mehmed von den Tieren.

Täglich also hin zu seinem Brunnen, an den Platz, den ein jeder im Bedesten kannte. Irgendwer holte ihn morgens ab, wenn Narfilah verschleiert vor der Tür des kleinen rötlichen Holzhauses stand, das von ihr selbst verfertigte Strohpolster unter dem Arm. Dann lächelte Mehmed zum Abschied in jene Richtung, wo er ihren Atem vernahm, und er ahnte nicht, daß dieses schöne, ruhige Lächeln für die Frau den ganzen Tag durchleuchtete. Er ging seines Weges, hin zu dem Brunnen, dessen Rauschen ihn rief, und sie ging, einem anderen Ruf zu folgen, dem ihres Kindes — das war ihr Künstlertum! Ja, das erste Jahr ihrer Ehe hatte Einsamkeit bedeutet, aber seitdem ihr kleines Mädel da war, lachte Narfilah das Glück. Angst hatte es nur einmal gegeben, als die

weise Frau bei der Geburt des Kindes der bangen Frage »Sieht es?« nicht sogleich Antwort gab, aber danach war Freude, nichts als Freude und Dank an das Kismet in Narfilahs Herzen.
So lebten diese Menschen dahin und waren froh. Einmal hatte eine Nachbarin neidvoll zu Narfilah gesagt: »Meine Liebe, meine Freundin, wie bist du doch zu beneiden! Wenn mein Eheherr mich einmal etwas länger anschaut, so mit einem forschenden Blick, weißt du, dann habe ich immer Angst, schlimme Angst, er könne wohl eine neue Runzel an mir entdeckt haben. Niemals, o du Glückliche, kann dir etwas Ähnliches geschehen! Beneidenswerte du!« Und so kam es, daß Narfilah vieles erspart ward, was andere Frauen peinigte, sie, die niemals bedauert, nein, nur beneidet wurde. Sehr wünschte sie sich nur eines: einmal eine der schon berühmt gewordenen Tiergeschichten ihres Eheherrn kennenzulernen — doch das war ihr nicht beschieden. Einmal hatte sie ihn darum gebeten, da hatte er ihr zur Antwort gegeben: »O Narfilah, du von der weichen Stimme und den Samthänden, verlange nur dieses nicht von mir, denn wisse, ich vermag ohne das Rauschen meines Brunnens niemals etwas zu sprechen oder zu ersinnen. Und lasse es dir auch nicht einfallen, heimlich zum Bedesten zu kommen,

um mich zu hören — ich würde dich am Rauschen deiner Kleider und ihrem Duft erkennen, und von da an könnte mir das Rauschen meiner Quelle nichts mehr sagen.«

So hatte sich Narfilah darein ergeben, niemals eine der Dichtungen des berühmten Haiwanli Mehmed kennenzulernen, und sie sagte sich, alles, was sie an Dichtung ersehne oder begehre, müsse sie eben aus dem unbeholfenen zärtlich-warmen Gestammel ihrer kleinen Leila hören — und das genügte ihr. Seltsam war es, wie wenig dieses Kind seinem Vater bedeutete; immer wieder hatte Narfilah den Versuch gemacht, die Kleine und ihren Vater zusammenzubringen. Aber die Kleine hatte Angst vor den tastenden Händen und spürte wohl das Seltsame der weit offenen blicklosen Augen, und so streckte sie immer gleich der Mutter die Arme entgegen und wollte fortgenommen werden. Mehmed Ali aber atmete wie befreit auf, wenn ihm die leichte Last genommen wurde und er allein sein konnte mit der Frau, die so ruhige Bewegungen hatte. Hast bedeutete Qual für den, der in einer Welt für sich allein lebte, als Gefährten nur die Tiere, die seine Traumferne belebten.

Und doch, nicht nur eine Traumferne, denn mit dem unfaßbar feinen Gehörsinn der Blinden kannte

Mehmed Ali alle, die nahe seiner Quelle vorbeigingen, will sagen, die Schritte derer, die gewohnheitsmäßig immer wieder dort vorbeikamen. Er wußte nicht, wer sie waren, gab ihnen aber allen Namen nach seiner Art, welche die der Tiere war. Da hatte er die weichen Füße der Kamele aus des einen Schritt gehört und nannte diesen nun Dewe, Kamel. Ein anderer hatte einen kurzen Schritt, den nannte er At, das Pferd, und dachte es sich trabend. Dann kamen da Hundeschritte — Köpekli —, und die Ziegen, die so hart und trippelnd schreiten, die Ketschi, das war leicht zu erkennen, ebenso wie der schwere, ruhige Gang der Kuh, der Inek — ja, er konnte sie alle, alle unterscheiden. Hinzu kam dann noch der so überaus feine Geruchssinn, mit dem viel, sehr viel herauszufinden war. Es bedeutete kein Kunststück, den vielfachen Knoblauchgeruch zu erkennen, aber bei den wirklichen Wohlgerüchen wurde es schwieriger. Denn es darf nicht vergessen werden, daß die Moslim auch Wohlgerüche verwenden, nach dem Wort des Propheten, daß der Duft von Allahs Güte und Erbarmen über alle Wohlgerüche herrlich sei, daß aber die Männer, die zum Gebet in die Moschee kämen, versuchen sollten, durch Wohlgerüche an sich ihren Dank und ihre Ehrfurcht zu bezeugen. Daher kommt es, daß die Verwendung von edlen Wohlgerüchen unter den Männern des Islam üblich ist, und diese einzeln zu unterscheiden, versuchte Mehmed Ali tagtäglich mit ernstem Bemühen. War da auch nur einer unter denen, die gewohnheitsmäßig an dem Blinden beim Brunnen vorbeigingen, der eine Ahnung hatte, welch scharfer Beobachtung sie im Vorbeigehen durch den Blinden unterzogen wurden? Bah — blinde Augen! Gut, andere Sicht mögen sie besitzen, aber die irdisch gültige doch gewißlich nicht. So dachten sie und schlenderten gedankenlos an Mehmed Ali vorbei, außerdem noch dem gebräuchlichen Irrtum verfallend, daß ein Blinder kaum etwas höre — wie oft, ach wie sehr oft wird das in leichtsinnigster Weise angenommen! Sie dachten fast alle kaum über den Haiwanli Mehmed nach, nahmen ihn für ein Zubehör des Bedesten, und wieso grade dieser Blinde dazu kam, immer nur Tiergeschichten zu erzählen, das überdachte keiner. Keiner? Einer war doch da, und dieser, der höchst Gebildete aller Kaufherrn des uralten Bedesten, war Seifullah Bey Halifka. Er hatte seinen Stand oder Sitz, wie immer man es nennen will, genau gegenüber von Mehmed Alis Platz am Brunnen, und das war keineswegs ein Zufall, sondern seines Urgroßvaters wohlüberlegte Anordnung, denn es ging um den Brunnen. Man weiß es, daß die Angehörigen islamischer Völker hervorragende Kenner sind in der Beurteilung des Wassers, und es ist vielfach schon vorgekommen, daß umfangreiche Umsiedlungen vorgenommen wurden, um sich in der Nähe besonders wohlschmeckender Quellen zu befinden. So war es auch mit diesem Brunnen, einem der ältesten des Bedesten, der das Wasser einer Quelle führte, über deren »Kraft und Süße« schon Lieder gesungen worden waren. Darum hatte sich vor einigen hundert Jahren — wer achtet im Orient schon auf die Zeit? — Seifullahs Urgroßvater hier angesiedelt, und sein Urenkel, ebenfalls ein begeisterter Genießer edlen Wassers, beobachtete erst mit Erstaunen, dann mit steigendem Interesse die Art, wie dieser Blinde sich dem Genuß des Wassers hingab.

Mehmed besaß einen silbernen Becher, an welchem Seifullahs geübtes Auge schon von weitem die schöne Form und Prägung erkannte, den er mit Sorgfalt zum Brunnen hinschob und jedesmal, ehe er einen Schluck des Wassers trank, für kurze Zeit hochhob. Das aber war das uralte Zeichen, womit die wirklichen Wasserverehrer den Geber des kostbaren Nasses ehrten, Allah, der wußte, daß ohne diese seine Gabe alles verging. Von da an beobachtete Seifullah Bey den Blinden, den auch er für einen Bettler gehalten hatte. Es darf nun nicht vergessen werden, daß es in islamischen Landen keine Schande ist, ein Bettler zu sein. Die Lehre des Propheten besagt, daß eher Reichtum eine Schande sei, Armut aber niemals. Der Arme, so heißt es, sammle Weisheit, denn es sei ihm vergönnt, nach Art und Menge der Almosen auch Art und Wesen der Geber zu erkennen und somit die Wertlosigkeit des Reichtums, ja, des Besitzes zu ermessen. So bedeutete es also keine Herabwürdigung, wenn Seifullah Bey den Blinden für einen Bettler hielt, aber er sollte bald erkennen, daß es sich nicht nur um keinen Bettelnden, sondern um einen reich Schenkenden handelte.

Und das kam so: Mit der oft geübten Gleichgültigkeit der Anwesenheit des Blinden gegenüber blieben zwei Männer in der Nähe des Brunnens stehen, tranken mit leisem Schlürfen den feinen Wasserstrahl, den sie sich unmittelbar in den Hals laufen ließen, und sprachen zwischen dem Schlucken leise miteinander. Mehmed hatte, schon als sie zum Brunnen kamen, aufmerksam auf ihre Schritte gelauscht, und als sie nun in seiner Nähe haltmachten, senkte er den Kopf, um so den Eindruck des Schlummerns zu erwecken und außerdem noch besser hören zu

können, was die zwei ihm Verdächtigen besprachen. Die dunkle Stimme des Mannes mit dem härteren Schritt sagte soeben: »Ich kenne die Stelle, wo Seifullah den großen Türkis liegen hat auf seinem Lagersitz. Hier habe ich mir — sieh ihn dir an — mit vielen Mühen und Kosten eine Nachbildung des herrlichen Steines machen lassen. Ich werde ihn ausrufen und hochhalten zwischen meinen Fingern und damit herumlaufen zur Stunde des Abendazan, wo am meisten Verkehr ist im Bedesten. Du wirst mir entgegenkommen in großer Schnelligkeit und genau vor Seifullahs Sitz mit mir zusammenstoßen. Wir werden beide stürzen, ich halte mich an einem der Teppiche fest, die Seifullahs Sitzplatz bedecken, genau da, wo der Stein zu liegen pflegt. Wir gehen jetzt gleich dort vorbei, und ich weise mit dem Kopf darauf hin, verstehst du mich, Fasil? Wir werden uns dann lachend entschuldigen, ich lege den Teppich wieder hinauf, wie er war, und habe den Stein, während meine Nachahmung an dessen Stelle liegt. Ist das gut erdacht, Fasil?«
Mehmed Ali mußte fast lächeln über den ausgezeichnet erdachten Raub, lauschte nun aber doppelt scharf auf des Fasil Antwort, ob der mit dem leichteren Schritt, den er oft schon vernommen hatte, den Namen des Gefährten nennen würde. Voller

Bewunderung sagte Fasil hauchleise, nachdem er geräuschvoll einen weiteren Schluck Wassers getrunken hatte: »In Wahrheit, o Machmud, du besitzest das höchste Maß an Klugheit von uns allen. Es wird gelingen, und ich . . .« Ehe Fasil zu Ende sprechen konnte, bewies Machmud schon seine Klugheit, indem er leise lachend sagte: »Und du, mein Freund und Helfer, erhältst ein Drittel des erzielten Preises, sei ohne Sorge. Und jetzt gehen wir fort von hier, sonst verrät uns noch das murmelnde Wasser dieses Brunnens, von dem man sagt, er besitze Wunderkräfte.«

Noch ein Weilchen lauschte Mehmed Ali auf die sich entfernenden Schritte, die er genau zu unterscheiden vermochte, dann erhob er sich und ging sicheren Ganges hinüber zum Verkaufsstand des Seifullah Bey Halifka. Er tastete mit seinen feinfühligen Fingern über die ausgelegten Teppiche hin und spürte bald das weiche Seidenschmeicheln der Teppiche von Ispahan. Leise rief er: »Seifullah Bey, yah, Seifullah Bey!« Dann hörte Mehmed die kaum vernehmbaren Schritte der weichen Lederfuß-Hüllen auf den Teppichen, und die ihm bereits bekannte Stimme des großen Kaufherrn fragte ruhig: »Wer ist's, der mich ruft?« Mehmed Ali richtete den Kopf auf und gab Antwort: »Mehmed Ali vom Tschiftlik des Akbar Agha hätte gern ein Wort mit dir gesprochen, o Seifullah Bey, wenn deine Güte ihm zu dir hinaufhilft.«

Seifullah sah in das hochgewandte Gesicht, dessen blinde Augen so lebhaft leuchteten, und es verwunderte ihn sehr, daß dieses Antlitz blicklos sein sollte. Doch reichte er sogleich beide Hände hinunter, und sie wurden so schnell und sicher ergriffen, daß Seifullah noch stärkere Zweifel an der Blindheit des scheinbaren Bettlers kamen – gab es das doch oftmals, daß Gebrechen nur vorgetäuscht wurden um des bessern Geschäfts willen. So gebrauchte Seifullah die etwas grausame List, dem Manne zwar zu sich heraufzuhelfen, ihn dann jedoch sogleich loszulassen. Als er aber das Häuflein Hilflosigkeit vor sich kauern sah und das unsichere Herumtasten der Hände bemerkte, reute ihn sein Tun sogleich, und er griff zu, um nun doppelt hilfreich zu sein. Mehmed Ali richtete sich an den Händen hoch, die ihn nun sicher hielten, tastete dann an ihnen entlang und sagte leise: »So starke, gute Hände und dennoch Mißtrauen und List? Warum, o Seifullah Bey?«

Mehmed Ali vermochte die heiße Röte der Scham nicht zu sehen, die über die Züge von Seifullah brannte, denn nichts ist für den Moslim beschämender, als den Hilflosen zu betrügen. Es mag diese Beschämung der Anlaß gewesen sein, daß Seifullah seit der ersten Begegnung mit Mehmed Ali ihn besonders hoch und wert hielt. Er murmelte eine Bitte um Vergebung, und schon lachte Mehmed Ali leise, sagte heiter: »Ich weiß, meine blinden Augen gleichen den sehenden, es wurde mir oft gesagt, und ich wurde deshalb auch mehrfach des Betruges geziehen. Doch ist es so, daß Allah nichts nimmt, ohne dafür vielfach mehr zu geben, und weil dem so ist, besitze ich einige Fähigkeiten mehr als die Sehenden. Das ist der Grund meines Besuches bei dir, o Seifullah Bey. Wolle mich gütigst an einen Ort bringen, wo wir sprechen können, ohne überhört zu werden. Gehe voran, ich folge dir. Nein, deiner Hand bedarf es nicht, ich folge deinem Schritt, den ich schon kenne.«

Seifullah, dem klar denkenden Kaufherrn, wurde es fast ein wenig seltsam zumute bei diesen eigenartigen Worten seines Gastes, aber er hütete sich wohl, diesen nochmals zu verletzen, und tat wortlos, wie ihm geheißen worden war. Hinter sich vernahm er den leichten Schritt im genau gleichen Rhythmus mit dem seinen, und die soeben vernommenen Worte, daß Allah nichts nehme, ohne dafür zu schenken, wurden ihm noch stärker innerlich

vernehmlich. Sie betraten ein kleines Gemach, hinter dem Kaufstand in die Bazarmauer eingebaut und rings von Teppichen verhängt. Mehmed Ali hob den Kopf und sagte lächelnd: »Wie viele Teppiche hast du hier, o Herr! Ich glaube, wenn ich herumginge und ihren Geruch einsaugen könnte, würde ich zu sagen vermögen, woher sie stammen. Du weißt doch, Herr, daß jeder Teppich seinen besonderen Geruch hat, herrührend von der Art, wie er geknüpft wurde, ob in geschlossenen Räumen, wo der Geruch von Holzfeuern weht, ob im Freien bei großer Hitze, ob von vielen Frauen oder weniger — das weißt du doch, ja?«
Seifullah starrte diesen blinden Mann an, als betrachte er ein Wunder, und stand reglos vor dem großen Rätsel, das sich ihm erschloß. Da er keine Antwort erhielt, sagte Mehmed leise fragend: »Herr? Du willst nicht Rede stehen? Verletzte ich dich irgendwie? Denn daß du da bist und mir nahe, das höre ich.« Seifullah beschloß, sich mit dem Wunder vor sich abzufinden, und sagte heiter: »Nein, Mehmed Ali, ich wußte es nicht. Aber wenn du mir einige Beweise deiner Fähigkeiten geben willst, so würde mich das erfreuen. Ich geleite dich zu einigen seltsamen Stücken — nein, besser noch, ich gebe dir einige kleine Stücke in die Hände, und du sagst mir,

woher sie stammen — es wäre mir ein Dienst damit erwiesen.« Doch als sich Seifullah fortbewegte, hielt ihn Mehmed zurück, sagte lebhaft: »Noch nicht, Herr, dein Wort vom Dienst erinnert mich, warum ich kam — später dann, wenn es dir beliebt, machen wir das Spiel mit den Teppichen. Denn ich kam her, um dir einen kleinen Dienst zu erweisen, Seifullah Bey. Ich vernahm, was zwei Männer planen, ein Machmud und ein Fasil, um dir einen Türkis zu stehlen auf eine sehr erheiternde Art heute zur Stunde des Abendazan ...« Und Mehmed Ali berichtete, was er am Brunnen von den wasserschlürfenden Dieben vernommen hatte.

Mit größter Aufmerksamkeit lauschte ihm Seifullah, und sie waren beide so vertieft in ihr Gespräch, daß sie alle Gebote der Höflichkeit und Gastlichkeit vergaßen und einander gegenüber stehenblieben. Doch erwies sich das als günstig, denn Mehmed hob die Hand und flüsterte: »Einer kommt — er ist sehr wandermüden Fußes — er geht ohne Schuhe — ein Pilger — ein Derwisch?« Im nächsten Augenblick war Mehmed Ali allein. Er hörte noch, wie sich ein Teppich bewegte, vernahm dann leise Stimmen, tastete mit den Füßen umher, spürte Bodenkissen und ließ sich ruhig nieder, bereit, zu warten, so lange wie es das Geschehen jenseits des Teppichs,

der sich bewegte, als er zur Seite geschoben wurde, erforderte.
Die Fähigkeit des ruhevollen Wartens hat der Orientale bis zur höchsten Vollendung ausgebildet. Ist er ein Moslim, so pflegt er sich, ohne die Lippen zu bewegen, eine Sure des Korans innerlich vorzusagen. Ist er zudem ein Blinder, wie Mehmed Ali, so ist seine innere Welt so farbenreich und wandlungsfähig, daß die Zeit des Wartens nur freudig begrüßt wird. Doch ist es fehlerhaft, hier von der »Zeit des Wartens« zu sprechen, denn es geht dabei um völlige Zeitlosigkeit, um ein Versinken in wesenlose Stille, innerhalb deren sich ein unermeßlicher Reichtum der Vorstellungen ergibt. Aus all diesen Gründen wußte Mehmed Ali nichts davon, ob er kurz oder lange gewartet hatte, als sich der Teppichvorhang wieder hob und die unbeschuhten müden Füße den Raum betraten. Sie waren inzwischen vom Staub der Straßen gereinigt worden, wie sich das geziemt, wenn ein heiliger Mann die Behausung des Freundes betritt, und ihr lautloser Schritt wäre gewiß von niemandem als von Mehmed Ali vernommen worden. Doch dieser erhob sich sogleich von seinem Sitz, verneigte sich ehrfurchtsvoll und sagte halblaut: »Derwisch Baba, sei deinem Diener geneigt.«

Zwischen Seifullah und dem Derwisch wurde ein Blick gewechselt, der etwa besagen mochte: Was habe ich dir gesagt? Dann ließ sich der Derwisch mit einem leisen Rauschen seiner Gewänder auf die Bodenkissen nieder. Mehmed und Seifullah taten ein Gleiches und warteten auf die Anrede des Derwisch, wie es die Sitte erfordert. Ein Diener brachte den üblichen Kaweh, und nach einer Weile sagte der Pilger: »Ich erfahre von meinem Freund und Bruder, daß man dich, Bruder, Haiwanli Mehmed nennt. Ist es so, daß dir die Tiere in besonderer Art nahe sind, ja, näher als die Menschen?« Mehmed Ali sah auf, und der Glanz seiner blinden Augen strahlte auf den Derwisch, daß dieser sich wie fragend zu Seifullah wandte, der nur die Achseln zuckte. Offenbar war auch der Derwisch davon betroffen, daß ein sichtloser Blick so lebendig sein konnte. Mehmed antwortete halblaut, scheinbar aus tiefen Gedanken heraus, wie vor sich hin sprechend: »Du sagst es, Erhabener, sie sind mir näher als die Menschen. Ich war meiner Blindheit wegen auf dem Tschiftlik meines Vaters, des Akbar Agha, nutzlos und für meine Mutter ein lebender Vorwurf, da sie ein so nutzloses Wesen geboren hatte, nicht viel besser als ein Mädchen. Also ging ich zu den Tieren. Dort im Stall war ich geborgen, und es war, als ob die Tiere um meine Verlassenheit wüßten. Die weichen Lippen der Kühe, das wissende Berühren eines Pferdemundes, das war alle Zärtlichkeit, dir mir zuteil wurde. Später, viel später dann fand ich ein Weib, das mich Fürsorge und Liebe kennen lehrte – aber die Tiere sind mir dennoch immer am nächsten geblieben. Sie kennen mich auch, so seltsam es scheinen mag, und wenn es einmal geschieht, was sehr selten ist, daß sich kein Mensch findet, der mich heimgeleitet, so geht dann ein Hund neben mir, wohl irgendeiner der wilden Hunde unserer Stadt, der im selben Viertel daheim sein mag wie ich. Milde und Hilfe wird mir immer von Tieren zuteil, wenn ich auch nichts gegen die Menschen sagen will, Erhabener.«

Der Derwisch hatte mit größter Aufmerksamkeit zugehört, und er sagte jetzt, ebenso halblaut und versonnen wie Mehmed sprechend: »Da du von Milde und Hilfe der Tiere sprichst, o Haiwanli, lasse mich dir von einer kleinen Sache berichten, die im Sudan unter den Hirten und auch den Beduinen umgeht. Es ist die Erzählung vom Hamad Boar, dem Schutztier der Bischarin. Das ist ein kleines Wandertierchen, nicht viel größer als ein Wiesel, und es besitzt die Besonderheit blauer Augen. Niemand weiß, wo es haust, aber ein jeder vom Stamme der Bischarin des Sudan kennt und liebt es, gibt es doch eben diesen Bischarin seit vielen Geschlechtern Warnung und bedeutet ihnen Schutz und Sicherheit. Wenn sie nach einem Tage des Reitens und Umherziehens das Lagerfeuer entzünden und sich zur Ruhe bereiten, dann hören sie aus dem sanften Raunen des Abendwindes eine feine Stimme, ihnen allen aus den Erzählungen der Altvorderen vertraut, die sagt: ›Matefadisch – Matefadak –‹, was besagt: tu mir nichts, ich tu dir auch nichts – und so wissen sie, das Hamad Boar ist bei ihnen. Scharf passen sie nun auf, und wenn sie ein kleines graues Tier, im Wüstensande kaum sichtbar, an der Seite des Lagerfeuers sitzen sehen, so wissen sie, das ist die Warnung vor einem Überfall. Wem es aber am Feuer gegenübersitzt, dem ist der Tod vor Sonnenuntergang sicher, und auch dieses bedeutet eine Hilfe, wird dem Moslim solcherart doch Zeit gewährt, sich vorzubereiten auf die Nähe Allahs.«

Der Derwisch schwieg. Ruhevoll rauchte Seifullah seinen Tschibuk, und Mehmed Ali hatte die leuchtenden Augen geschlossen, um solcherart noch schärfer jedes Wortes Heben und Senken zu vernehmen. Er sagte leise: »Endlich ist es mir beschieden, einen Menschen etwas zu fragen, das mich schon lange bewegt dich, Erhabener, zu befragen.

Du sagst von jenem Bischarin-Schutztier, daß es den Menschen vernehmlich und verständlich spreche, in der ihnen eigenen Wortart. Ist es erlaubt, zu fragen, wann und zu welchem Zwecke Allah den Tieren die Menschensprache gewährt und um welcher Menschen willen er es insonderheit tut?«
Vorgeneigt auf seinem Sitz lauschte der Derwisch den Worten des Mehmed Ali, und an seiner tiefen Anteilnahme war nicht zu zweifeln, auch schien er die Anwesenheit seines Gastgebers nun ganz vergessen zu haben. Er gab ernst und eindringlich Antwort, tat es in solcher Art, wie er einem Bruder-Derwisch Auskunft gegeben haben würde, sagte sehr ruhig: »Du fragst mich so, als wisse ich von Allahs Tun und Wollen, o mein Bruder, doch vergiß nicht, daß ein Pilger nur ein Suchender ist, ein Fragender, nicht aber ein Wissender. Auf den Straßen der Welt begegnet dem Pilger vieles, und Allahs Gegenwart wird ihm überall bewußt, wie ihm auch der begegnet, der uns Allah kündete — gesegnet sei sein Name —, und einer, der Allah nahe ist, Ischa Hazaretlery. Aber das Wissen, nein, das begegnet uns niemals. Doch glaube ich dir Antwort geben zu können, o mein Bruder, aus den Worten weiser Männer, deren ich einige vernahm. Da hieß es wie-

der und wieder, daß Allah oftmals daran verzweifle, sich den Menschen verständlich zu machen, und wenn sie sich weit von ihm entfernten, dann verleihe er oftmals seinen Tieren, die ihm nahe und vertraut sind, die Fähigkeit, sich den Menschen in deren Wortart verständlich zu machen. Einer, ein großer Weiser, hat mich einmal wissen lassen, daß in dem Buche, das den Ferenghi heilig ist, sich eine Erzählung befindet von einem großen weisen Yahudi, den Allah aussandte, um einen seiner Befehle auszuführen, und als diesem Manne Gefahr drohte auf seinen Wegen, da sandte Allah einen Engel aus, ihn zu warnen und in seinem Wege zu stehen. Jener Yahudi aber sah den Engel nicht und schlug ein auf seine Eselin, die ihn trug und sich nicht mehr von der Stelle bewegte, da sie den Engel erblickte. Er aber sah ihn nicht. Und so verlieh Allah der Eselin die Menschensprache, und sie sagte zu ihrem Herrn: ›Warum schlägst du mich, o mein Herr? Bin ich nicht deine getreue Eselin, die dich seit vielen Jahren trägt, wohin auch immer du gebracht werden willst? So blicke denn auf und sieh, wer dir im Wege steht.‹ Da erschaute der Yahudi den Engel, stieg ab, fiel vor ihm nieder, ihn anzubeten. Doch habe der Engel gesagt, heißt es: ›Zu danken mit Tränen hättest du deiner Eselin, die Allah nahe war

— warum fällst du jetzt nieder vor mir, dessen Nähe du nicht erkanntest?‹ Das ist diese Geschichte, und sie zeigt, was Allah damit lehrt, daß seine Tiere Menschworte reden. Verstehst du mich, o mein Bruder?«

Mehmed Ali erhob sich von seinem Sitz, grüßte tief und sagte ruhig und ernst: »Ich danke dir, Erhabener, und ich segne vielfach zwei erheiternde Diebe, die mir das Kismet schenkten, deine Worte zu vernehmen. Sei bedankt und verehrend gesegnet, Herr.« Er wandte sich um, dorthin, wo er das leise Atmen des Seifullah hörte und dessen Tabakduft spürte, und sagte: »Wolle mich, o Herr, durch den hinteren Eingang deines Geschäftes hinausgeleiten lassen, es könnte sonst Aufsehen erregen, wenn ich von dem Kaufsitz herabgleite. Und hüte deinen kostbaren Stein gut, Herr!« Seifullah hatte sich erhoben, nahm Mehmed Ali beim Arm und geleitete ihn selbst vorsorglich hinaus. Während sie gingen, flüsterte er ihm zu: »Mein Dank ist nicht geringer für deine Warnung, wenn ich dir sage, daß auch jener ausgestellte Türkis eine Fälschung ist — glaubst du, ich wäre so töricht, einen kostbaren Stein, den ich hier an mir aufbewahre, draußen niederzulegen? Fühle ihn, hier ist er — kannst du spüren, wie wertvoll er ist?«

Und er gab Mehmed Ali, den er im kleinen Vorraum zurückhielt, den Stein zu fühlen, ein Zeichen höchsten Vertrauens, das jenes erste Mißtrauen auslöschen sollte. Die Finger des Blinden — »meine zehn Augen«, wie er zu sagen pflegte —, umschlossen den kostbaren Stein, und er sagte etwas sehr Eigenartiges: »Er muß so blau sein wie der Himmel vor dem Aufgehen der Sonne.« Völlig verblüfft starrte ihn Seifullah an, denn wirklich war dieses die Farbe des Steines, aber ihm war es unfaßlich, wie ein Mensch, der niemals den Himmel vor dem Sonnenaufgang gesehen hatte, so etwas sagen konnte. Da aber lachte schon Mehmed Ali sein beredtes, leises, frohes Lachen, sagte fast listig: »Du wunderst dich, Herr, wie ich das zu wissen vermag? Ich könnte es nicht erklären, aber ich glaube auch Farben zu erfühlen, wenn das Gestein sie trägt. Doch wollte ich noch etwas sagen, Herr. Würdest du nicht den Stein dennoch dort liegen lassen — den falschen, meine ich — und jene Diebe sich damit entfernen lassen? Es wäre doch ein Spaß, Herr, denn sie haben, wie ich vernahm, einiges bezahlt für die Nachahmung, und so verlieren sie nur an diesem Geschäft — willst du es nicht tun, Herr?«
Leise lachte auch Seifullah, aber er gab zur Antwort: »Es wäre ein schöner Spaß, aber bedenke,

was daraus werden könnte! Diese Diebe, die sich doch irgendwie rächen müßten, würden heimlich im ganzen Bazar verbreiten: ›Seifullah vom Bedesten ist ein Betrüger, er handelt mit falscher Ware, hütet euch vor ihm!‹ Das kann sich kein ehrlicher Kaufmann leisten, sei sein Name auch noch so altbekannt. Also muß es so vor sich gehen, daß die beiden überrascht und zur Rechenschaft gezogen werden. Es ist um des Lachens willen zwar schade, aber es darf nicht anders sein. Inzwischen aber, da wir nun Freunde wurden, Mehmed Ali, erlaube, daß ich hie und da komme, um dir zu lauschen — am Brunnen meines Urgroßvaters, wenn du von deinen und Allahs Tieren berichtest. Ich danke dem Kismet, das uns zusammenbrachte.« Mehmed verneigte sich, sagte fast schüchtern bittend: »Ich tue ein Gleiches, Herr. Und ich hätte eine große Bitte. Wenn der Erhabene, dein Freund, einmal eine leere Stunde hat, würde er mir dann von jenem berichten, den er Ischa Hazaretlery nannte und von dem ich bisher noch nicht vernahm?« Seifullah sagte ernst: »Dein Leben wird reicher werden, wenn du von ihm weißt. Ich werde es dem Derwisch sagen. Vielleicht, wenn er wieder des Weges kommt, denn jetzt zieht er schon bei Sonnenaufgang weiter. Sei dein Weg gesegnet, o Mehmed Ali.«

Damit war der Ausgang erreicht, und Seifullah befahl einem seiner Diener, den Blinden zum Brunnen zurück zu geleiten. Mit tiefem Gruß verabschiedeten sie sich voneinander, dankbar dem Kismet, das sie bereichert hatte.

Vielerlei Tiere Allahs

Nach dem Abendazan gab es an diesem Tage allerlei Aufregung im Bedesten, denn der versuchte Diebstahl eines kostbaren Türkis erregte alle Händler in diesem Teile des Bazars und hatte zugleich den großen Vorteil, auch das Lachen nicht auszuschließen. Seifullah hatte Zeit genug gehabt, die Falle für die beiden Diebe zu stellen, und seine Diener machten sich ein Fest daraus, den erstaunten beiden Männern alle Nachteile des Erwischtwerdens kenntlich werden zu lassen.

Von seinem Platz am Brunnen aus hörte Mehmed Ali das ganze Geschehen und schüttelte sich vor geheimer Heiterkeit. Da vernahm er eine ruhige Stimme, die neben ihm sagte: »Worüber freust du dich, Haiwanli Mehmed? Daß zwei Diebe festgehalten wurden oder daß sie an ihrem Vorhaben gehindert wurden?«

Es geschah Mehmed sehr selten, daß er im Schreck erstarrte, aber dieses Mal hatte er durch den Lärm, der ihm gegenüber an Seifullahs Kaufstand verur-

sacht wurde, die näherkommenden Schritte nicht gehört. Er fühlte sich dadurch im Nachteil dem Manne gegenüber, der ihn anredete, und eben dieses erregte und erzürnte ihn. So sagte er mit einer bei ihm ungewohnten Heftigkeit: »Wer bist du, und was gedenkst du zu erreichen, daß du mich solcherart erschreckst, da ich dich nicht zu sehen vermag? Ist es Sitte bei uns geworden, einen Ahnungslosen zu beschleichen, der sich nicht wehren kann, weil er das Augenlicht nicht besitzt?«
Auf diese heftigen Worte, dem sonstigen Wesen von Mehmed Ali fremd und ungewohnt, folgte Schweigen, was um so erstaunlicher war, als nicht weit von Mehmed Alis Sitz entfernt ein leises Lachen hörbar wurde. Nun aber war es auch mit der letzten Ruhe des Blinden vorbei, und er sprang auf, beugte sich vor, genau mit der Gebärde eines sichernden Wildes, und bewegte sich auf jene Richtung zu, aus der er das Lachen vernommen hatte, sich vorwärts tastend an der Umzäunung seines Brunnens. Da aber klang das Lachen schon von einer anderen Stelle her, und jetzt blieb Mehmed Ali stehen, rührte sich nicht mehr, hob die Stimme und rief: »Seht her, ihr alle meine Freunde im Bedesten, wie ein Würdeloser den Augenlosen verspottet und verhöhnt, kommt und seht her!«

Sogleich auch vernahm er vielerlei Schritte, und fast unmittelbar danach wurde ihm ein junger Mensch zugeschoben, der sich, den Geräuschen nach zu urteilen, heftig zu wehren schien. Mehmed Ali packte zu und hielt diesen, der nun ihm preisgegeben war, am Arme fest, schob sein Gesicht nahe an das des Fremden heran und fragte eindringlich: »Was hat dich bewogen, so würdelos zu handeln, du, der du noch jung bist und die Ehrfurcht kennen solltest? Sprich! Um mich herum stehen Freunde, und auch sie wollen hören und wissen von dir.«

Ein Murmeln vieler Stimmen bestätigte die Worte des Haiwanli, und es mochte wohl sein, daß der junge Mensch sich nun nach allen Seiten umsah, erkannte, daß ein Entweichen schwierig sein werde, und sich zu antworten entschloß. »Ich habe an deine Blindheit nicht geglaubt, o Haiwanli Mehmed«, sagte er, und seine Stimme klang in Mehmeds Ohren unsicher und gedrückt, »und ich wollte keinem Betrüger zum Opfer werden – darum bin ich jetzt euer aller Opfer geworden.«

Der Jüngling sah sich im Kreise um, und es waren keine freundlichen Blicke, die ihn trafen, denn Mehmed Ali war das hochgewertete Eigentum aller im Bedesten, und wer ihm ein Leids antat, der konnte vieler unguter Dinge gewärtig sein. Aber keiner der Helfer und Freunde sagte etwas, ehe nicht der Haiwanli sich geäußert hatte.

Der war wieder ganz ruhig geworden, hielt den Jüngling immer noch fest und tastete an seiner Kleidung entlang, was jener sich nur widerwillig gefallen ließ. »Du kommst von Anadolu deiner Tracht nach, und dem Geruch deiner Kleider nach bist du ein Hirte. Warte, ich sage dir, welche Tiere du hütest – ja, Kühe sind es! Und du riechst nach Bergen. Von der Grenze zu Rum kommst du, denn ich weiß, da ich einmal dort war, um meines Vaters Bruder zu besuchen, daß es Kräuter gibt, die nur dort wachsen – nach ihnen duftest du, o junger Mann. Und dort hütest du Kühe, ja? Und wenn du es vermagst, so erreichst du sie, die aller Tiere beste Kletterer sind, in den Bergen, wenn sie sich verstiegen – ist es nicht so? Sprich!«

Der junge Mensch wand und drehte sich, um den Händen des Haiwanli zu entkommen, und murmelte unwillig: »Keine ist mir noch so hoch gestiegen, daß ich sie nicht eingeholt hätte. Und wenn du doch alles weißt, du, an dessen Blindheit mir zu glauben schwerfällt, so laß dir sagen, daß ich hierher kam mit meinem Oheim, den ein Bär in den Bergen faßte und dessen Bein geheilt werden soll in einer Hastahaneh. Da berichtete man mir von dir, o Haiwanli, und ich glaubte nicht an deine Blindheit, tue es auch jetzt noch nicht!«

Mehmed Ali zog sich mit einem leisen Ausruf des Schmerzes hastig zurück, denn der junge Mann hatte ihm in das offene blinde Auge gefaßt, um zu prüfen, ob er wirklich nicht sähe. Er hielt sich die Hand vor das schmerzende Auge, tat drei Schritte hin zum Brunnen und begann es zu kühlen, hörte dabei zugleich die drohenden Ausrufe derer, die sich um ihn und seinen Verhöhner gesammelt hatten. Er aber wandte sich um und sagte zu den Freunden, deren Worte und deren Atmen er hörte: »Laßt diesen, denn er ist einer, der die Wahrheit sucht, und solche soll man nicht an ihrer Suche hindern. Auch ist er ein Zweifler, und diese sind es, die im Glauben am stärksten werden. Darum will ich den Schmerz vergessen und auch das höhnende Lachen und versuchen zu erfahren, warum der Hirte es der Mühe wert hielt, herauszufinden, ob ich blind sei, ob nicht. Habt Dank, Freunde, daß ihr mir halft, und laßt mich mit dem Berghirten allein, ich bitte euch. Nein, nein, seid ohne Sorge, er wird mir nichts mehr tun — ist es nicht so, Sohn der Berge?«

Statt der Antwort fragte eine leise junge Stimme: »Schmerzt dein Auge sehr, o Haiwanli?« Mehmed

Ali lachte auf und sagte freundlich: »Dieser mein Brunnen wird es heilen, denn er ist ein Wunderbrunnen, mußt du wissen, Sohn der Berge – wenn man an seine Kraft glaubt. Der Glaube, weißt du, der ist es, der die Wunder schafft, und nur er. So wirst auch du bald erkennen, daß der Glaube aus der Blindheit die schärfste Sicht schafft. Komm zu mir, Sohn der Berge, ich setze mich hierher, wo der kühle Strahl das Brennen stillt, und du dich neben mich, und du wirst mir sagen, warum du wissen wolltest, ob ich sehe, ob nicht – und warum du mich gesucht hast. Ist es so, ja?«
»So ist es, Herr«, gab der junge Hirte leise zur Antwort und hockte sich neben Mehmed Ali nieder. Der konnte nicht sehen, mit welcher schmerzlichen Sorge der junge Mensch ihn betrachtete und was er für ein starkes und gutes Gesicht hatte, aber er horchte auf, als der Berghirte gedrückt sagte: »Mir ist es, als habe ich ein junges Lamm, das ich über die Felsen zu tragen hatte, fallen lassen, so daß es sich das zarte Bein brach, das arme. So habe ich dich verletzt, o du Wehrloser, der mit blinden Augen Allah zu erblicken vermag. Wird mir dieses Unrecht jemals vergeben werden, Herr, was denkst du davon? Ein Hirte, der Leid zufügt dem Wehrlosen, ist ein Verworfener, nicht wert, daß ihm die jungen

Lämmer zum Schutze überlassen werden — Aman — Aman!« Und der Hirte barg das Gesicht in den Händen vor Scham.

Mehmed Ali wandte sich vom Brunnen ein wenig zur Seite und legte dem Jüngling die Hand leicht auf den gesenkten Kopf. Er sagte halblaut und sehr ruhig: »Sich einer bösen Tat schämen ist gut und bringt Gewinn, doch ist es sinnlos, sich des jungen Dranges nach Wissen zu schämen, mein Sohn. Viele haben oftmals zu leiden um des Wissens willen, und siehe nun, wie gering mein Leiden ist und wie groß dein Gewinn.«

Der Hirte hob den Kopf, fragte: »Und welcher ist denn mein Gewinn, o Haiwanli?« Leise lachte Mehmed Ali, sagte heiter: »Daß du in Zukunft weißt, wie oftmals Blindheit Sehen ist und hinwiederum auch Sehen der Blindheit gleichkommt. Ist das kein Gewinn? Dafür will ich gern das Brennen meines Auges erdulden. Es ist eine geringe Sache, glaube mir.«

Mehmed Ali konnte nicht sehen, wie dankbar und bewundernd der junge Hirte ihn betrachtete, aber er spürte, daß eine feste Hand ihn leicht am Arm berührte, und hörte die junge Stimme leise sagen: »Ich bin zu dir gekommen, o Haiwanli, weil sie weinte — das kann ich niemals vergessen!«

Mehmed unterließ das Kühlen seines Auges, drückte den angefeuchteten Zipfel seines Ärmels auf das Brennen, wandte sich der Stimme des Hirten zu und fragte behutsam: »Wer weinte, o Sohn der Berge? Deine verehrenswerte Mutter? Und warum tat sie es? War es um deines Verfehlens willen?«

Erstaunt fragte der Hirte, dessen Verstehen so schnell nicht arbeitete: »Meine Mutter? Was hat sie mit dem allen zu schaffen? Du irrst, Haiwanli, sie weinte nicht. Es war Meleklah, meine schönste, meine innig geliebte Mutterkuh. Ich vergesse es niemals, und wenn ich alt werde wie die Berge!«

Mehmed Ali ließ den Ärmelzipfel achtlos sinken, beugte sich vor, fragte voll tiefster Anteilnahme: »Sie weinte? Deine Kuh weinte, o Sohn der Berge? Und warum tat sie es? Berichte!«

Die Stimme des Haiwanli klang befehlend, und der Hirte gehorchte sofort, sagte eifrig: »Es war so, o Haiwanli, daß mein Vater ihr Kalb verkaufte, damit wir mehr Verdienst an ihrer Milch hätten, verstehst du? Der Nachbarbauer kaufte es, kam es holen und führte es fort. Wir standen an der Umzäunung, die unser Grundstück von dem seinen trennt, und neben uns stand Meleklah, die das Kalb soeben noch gesäugt hatte. Sie lehnte den

Kopf auf das Holzwerk und sah dem Nachbarn nach, der das Kalb führte, wir, mein Vater und ich, blickten gedankenlos in die Sonne der Ferne. Plötzlich stieß mich mein Vater mit dem Ellenbogen an und wies mit dem Kopf auf Meleklah, legte zugleich den Finger auf die Lippen. Und da sah ich es, o Haiwanli, was ich niemals vergessen werde: unserer schönen Mutterkuh liefen die Tränen aus den Augen, in der gleichen Art, wie es dem Menschen zu geschehen pflegt. Still stand sie da, rührte auch den Kopf nicht, der ruhig auf der Umzäunung lag, schaute ihrem Kalb nach, das fortgeführt wurde, und die Tränen liefen ihr aus den weit offenen Augen. Was, o Haiwanli, du, der du die Tiere kennst, hast du dazu zu sagen? Ich kam zu dir, um zu fragen, was du davon denkst, ob denn die Menschen und die Tiere so verschieden sind oder ob es möglich wäre, daß sie sich nur nicht zu verstehen vermögen?«
Der junge Hirte schwieg und wartete. Mehmed Ali schwieg desgleichen und war in tiefes Sinnen versunken, sagte endlich aus diesem Sinnen heraus kaum vernehmlich: »Groß ist Allah, der die Tiere liebt und dem sie zugehören. Was wissen wir Menschen davon? Es heißt immer, so sagte mir ein Weiser, der Mensch habe, um ihn vom Tier zu unter-

scheiden, zweierlei: das Lachen und das Weinen. Und doch lachen die Hyänen, und wie du berichtest, kann aus dem Mutterherzen einer Kuh das Weinen überquellen. Groß und geheimnisvoll ist Allah, ihm sei Ehre.«

Ehrfurchtsvoll wartend im Schweigen verharrte der junge Hirte.

Dann fragte Mehmed Ali, in seiner lebhaften Art vorgeneigt: »Sage mir, o Sohn der Berge, ich vernahm so vieles von der Wildheit der Schäferhunde dort in deiner Heimat. Kannst du mir davon berichten, so wäre ich dir dankbar, denn ich liebe die Hunde, und sie sind mir immer freundlich und dienstwillig. Wie dann kommt es, daß sie dort in deinen Bergen so bösartig sein sollen, wie ich hörte?«

Der junge Hirte antwortete bereitwillig und sagte eifrig: »Du hast recht zu fragen, o Haiwanli, denn mit diesen Hunden hat es wirklich eine besondere Bewandtnis. Du darfst nicht vergessen, daß sich in den verborgenen Teilen unserer Berge viele Flüchtlinge befinden, die irgendeiner Verfehlung wegen gesucht werden. Meist sind es solche, die einem großen Herrn mißfielen und flohen, ehe er ihrer habhaft werden konnte. Nun sind sie dort in den Bergen, freund mit uns zwar, die wir ihnen

gerne Brot und Milch geben, aber feind mit aller Welt sonst. Kommen jetzt, wie das manchmal geschieht, bewaffnete Diener dieser großen Herren durch unser Bergland geritten oder auch Askeri des Padischah, so haben diese Flüchtlinge alles zu befürchten, und sie können sich nur schützen, wenn man sie meidet, es aus Angst tut. Deshalb züchten sie unsere großen hellen Hunde, die einem kleinen Kalb an Größe gleichen, solcherart, daß sie jeden anfallen, der sich ihnen naht, und ihm an die Kehle springen, ihn dann auch unweigerlich töten. Nur so ist es den Flüchtlingen möglich, unbehelligt in unseren Bergen zu leben, aber auch nur so. Uns, die wir dort daheim sind, tun die Hüterhunde nichts, wissen sie doch ihre Brüder in unsren Diensten, die uns helfen, das Vieh zu hüten, die Kühe, die Ziegen und was uns gehört. Diese Hunde der Berge, so heißt es, entstammen der Vereinigung eines weißen Wolfes und eines Fuchses, der ein Djin war, oder auch ein Dew — doch ist das alles nur Erzählung, die an Hirtenfeuern lebt.«
Mehmed Ali hörte, wie sich der junge Hirte erhob, dann hatte er noch dessen wiederholte Bitte um Vergebung zu beantworten sowie seine Dankesbezeugungen anzuhören, und endlich war er wieder allein. Der Bericht über die weinende Kuh ließ

ihm keine Ruhe, denn wie nahe er sich auch den Tieren fühlte, er hatte niemals geahnt, daß zwischen der Seele eines Tieres und der des Menschen nur das große Schweigen liegt, das große Nichtverstehen, aber keine tiefere Verschiedenheit. Dieser stumme tiefe Kummer eines Muttertieres ließ ihn unversehens an sein Weib Narfilah denken und auch an seine kleine Tochter Leila. Hatte er sie nicht beide viel zu wenig beachtet bisher, und stand nicht auch zwischen ihm und der kleinen Leila das große Nichtverstehen wie zwischen Mensch und Tier? Wenn er daran dachte, wie die harte Hand des Hirten sein blindes Auge anstieß, damit er herausfinde, ob es nicht dem sehenden gleich zucke und sich vor der Berührung verschließe, so mußte er diese Handlungsweise roher Jugend mit der Scheu vergleichen, die sein kleines Mädchen vor seinem Anblick empfand. Das sollte anders werden, und auch das starke, ruhige Herz der Frau, die sich einem blinden Manne schenkte, sollte keine stummen Tränen weinen. Wie vieles, oh, wie sehr vieles konnten die Tiere einen doch lehren, dachte der Haiwanli, der plötzlich fand, er sei wohl allzu stolz gewesen auf seine Zuhörerschar im Bazar und er habe die kleine Tochter niemals bisher an dem Reichtum seines Wissens teilnehmen lassen. Das sollte anders wer-

den, er wollte versuchen, das scheue kleine Wesen zu gewinnen und es auch zu erfreuen.
Mit diesem Vorsatz erhob er sich von seinem Sitz, trank noch einen Becher des geliebten Wassers und nahm seinen weißen Stab zur Hand. Kaum war das geschehen, als eine helle Stimme erklang und er die Nähe eines jungen Wesens spürte. Eine Hand faßte die seine und legte sie auf die eigene Schulter, und ein Knabe sagte: »Haiwanli Mehmed, erlaube, daß ich dich geleite, denn es ist schon lange her, daß ich es tun durfte. Erinnerst du dich nicht an Hamdi, dessen kleinen Hund du geheilt hast, als er sich das Bein verletzte? Er ist jetzt groß geworden; greife zur anderen Seite herab, so kannst du seinen Kopf erreichen. Er vergaß dich nicht, und er geht schweifwedelnd neben dir.«
Wirklich reckte sich der Hund hoch, als die kosende Hand ihn berührte, und so gingen sie zu dritt vergnüglich miteinander dahin. Als sie vor dem kleinen roten Holzhause des Mehmed Ali anlangten, stand aber nicht wie sonst immer Narfilah, sein Weib, unter der Tür, um dem Begleiter das Sitzkissen abzunehmen und den Ehemann nach der Begrüßung zur Mahlzeit im Innenraume zu geleiten. Das war so ungewohnt, daß es Mehmed tief beunruhigte, und er merkte erst an dem Fehlen dieser

liebevollen Aufmerksamkeiten, wie sehr er damit verwöhnt worden war. Der Knabe, der ihn geleitet hatte, legte das Sitzkissen an der Schwelle des Hauses nieder, und Mehmed trat durch die stets offene Tür in sein Haus, wobei er den Namen seines Weibes rief. Zwar konnte er im Hause ohne jede Hilfe herumgehen, doch fühlte er sich trotzdem hilflos, da die ruhige, selbstverständlich-liebevolle Führung der Narfilah fehlte.

Endlich erkannte er ihren Schritt und fragte hastig und unruhig: »Was ist, Narfilah? Warum hast du mich nicht wie sonst begrüßt?« Die vertraute Hand faßte seinen Arm, und die sonst so ruhige Stimme seiner Frau sagte hastig, überstürzt: »Vergib, Herr, du kommst eher als sonst — und außerdem . . .«

Die Stimme schwieg, und es war Mehmed, als tue sie es eines mühsam unterdrückten Schluchzens wegen. Schnell sagte er: »Rede weiter. Was ist außerdem? — Nun, so sprich doch, Weib!« Da, er hatte sich nicht getäuscht, die Ahnung hatte nicht getrogen: die Muttertränen! Er legte den Arm um die Schultern der geduldigen Frau, und das Erstaunliche geschah, daß sie ihren Kopf an seinen lehnte und sich ausweinte.

Mehmed Ali hielt sein Weib ruhig und fest umschlossen, ließ sie eine Zeitlang gewähren, fragte dann behutsam: »Leila? Geschah ihr etwas? Berichte mir, Narfilah, ich bitte dich!« Eine tief beschämende Antwort wurde ihm, denn Narfilah sagte: »Laß nur, Herr, es wird vergehen. Ich werde dir die Mahlzeit richten, und du wirst mir die Verzögerung vergeben, ist es nicht so?« Aber es war nicht so. Mehmed Ali packte sein Weib bei den Schultern, schüttelte es sanft ein wenig, sagte ernst und eindringlich: »Strafe meine Nachlässigkeit nicht so hart, Narfilah, und sage mir sogleich, was mit Leila geschah! Ist es nicht meine Tochter wie die deine? Sprich also und tue es schnell, du, die du immer vergebend und verstehend warst!«

Er konnte den erstaunten und prüfenden Blick nicht sehen, mit dem sie ihn betrachtete, denn solcherart war er ihr ganz fremd. Aber sie gehorchte, sagte schnell und halblaut in unterdrückter Erregung: »Leila kam vom Spiel mit den Nachbarkindern zurück, war bleich und sehr erregt, sagte, ihr sei schwindlig und es friere sie. Ich legte sie warm eingehüllt zur Ruhe, aber sie redet irre und zittert an allen Gliedern. Ich bereitete Fliedertee, doch will sie ihn nicht nehmen. Ich bin ratlos! Was soll ich nur tun, Herr?«

Mehmed Ali schob sie sanft zur Seite, sagte ruhig: »Ich werde zu ihr gehen. Wie viele kranke Tiere

konnte ich heilen! Sollte es mir bei meinem Kinde nicht gelingen? Nein, halte mich nicht zurück, ich will und werde es tun!« Doch die Gestalt der sonst so gehorsamen Frau versperrte ihm den Weg zum Schlafgemach seiner kleinen Tochter, und Narfilah sagte mit dem Mut der verzweifelten Angst um ihr Kind: »Herr, Herr, sie fürchtet sich immer vor dir — nun sie krank ist, wieviel mehr noch! Ich beschwöre dich, gehe nicht zu ihr!« Mehmed Ali aber konnte sie beiseiteschieben, und er sagte sehr ernst: »Ich werde mir dieses Kind erobern, sei dessen sicher, Narfilah, und sie soll sich vor ihrem Vater weder in kranken noch in gesunden Tagen mehr fürchten, Narfilah! Im Namen Allahs — laß mich vorbei.«
Die Frau trat beiseite, und ein Schauer der Ehrfurcht packte sie bei dieser Beschwörung. Sie schlich eingeschüchtert dem Manne nach und stand dann im kleinen Zimmer ihres Töchterchens, das als ein Bündelchen auf seinem Lager lag und vor Frost bebte. Mehmed Ali glitt fast lautlos vorwärts, sicher in dem ihm bekannten Raume sich bewegend, und kauerte dann neben dem Lager der Kleinen am Boden nieder. Behutsam tasteten seine feinfühligen Finger nach dem bebenden Kinde, und dann hörte sein Weib Narfilah zum ersten Male die ihr seltsam fremde, die erzählende Stimme ihres Mannes.

Mehmed Ali sagte und legte dabei die Hände auf des Kindes Stirn, langsam weiche Striche ausführend: »Wenn in der Wüste die Sonne aufgeht, und es ist vorher in der Nacht so kalt, oh, so kalt gewesen, dann steigt die Wärme hoch. Fühle nur, Leila, meine Blume, welch eine Wärme dann aufsteigt!« Und er nahm das Kind mit Decken und allem in seine Arme, neigte sich über sie, die er zu sich herunterzog, sie ganz umschließend mit seiner Körperwärme, und hauchte sie wieder und wieder an. »Das ist die Sonnenwärme, das ist das Heiße, das Gute . . .« Er sagte es immer wieder zwischen seinen warmen Anhauchen und lag nun halb über das Kind gebeugt. Zu seiner hinter ihm stehenden Frau hin flüsterte er: »Ein sterbendes Lämmchen hielt ich so eine Nacht lang. Es lebte, wie auch sie es tun wird. Sieh nur, sie bebt nicht mehr!«
Er beugte sich noch tiefer über die Kleine, hauchte sein Leben in sie und sprach von Sonnenglut, tat es wieder und wieder. Das Kind schloß jetzt die Augen, legte sich ganz in die haltenden Arme hinein, schien sich einzuschmiegen in des Vaters Wärme, lächelte, machte die Hände frei aus den Decken, griff nach dem über ihr schwebenden Gesicht, flüsterte: »Noch mehr Sonne – noch mehr . . .«, legte sich traulich zurecht und schlief ein. »Ich werde sie nun auch wie

das Lämmchen halten«, flüsterte Mehmed Ali Narfilah zu, und wieder stürzten Tränen aus diesen treuen Augen, aber es waren solche der tiefsten Freude und des Dankes, denn es schien fast, als habe das Kismet ihr aus etwas, das erst einem Leid glich, eine Freude bereitet. Dieser immer seltsam ferne Mann, der der ihre war, würde ihnen beiden näherkommen, ihr und dem Kinde. Hatte er nicht immer gesagt, er könne nur erzählen, wenn er seinen Brunnen rauschen höre? Und jetzt — was war jetzt? Narfilah stand am Vorhang, der das kleine Schlafgemach der Tochter gegen das ihre abschloß, und lauschte.

Es war tief in der Nacht, mochte nicht viele Stunden entfernt sein vom Tagesbeginn. Mehmed war nicht zur Ruhe gegangen, er war so hockengeblieben wie zu Beginn seines Tuns, das Kind an sich haltend. Narfilah selbst hatte sich kurze Zeit zur Ruhe gelegt, doch vermochte sie nicht, den beiden fern zu bleiben, sie wollte wissen, es lauschend wissen, was er sprach, hörte sie doch auch im Halbschlummer seine raunende Stimme, die des Erzählers. Lauschte ihm die Kleine, und tat sie es ohne Furcht?

Narfilah hob ein wenig den Vorhang und schaute hinein. Da saß ihr Mann noch am Boden wie vorher und hielt Leila an sich gepreßt, die sich gleichsam in sein Halten verkrochen hatte. Ihre feine kleine Stimme sagte gerade: »Und dann, Pederim, als der Vogel das Ei gelegt hatte, und es war gar keines, sondern ein Edelstein – was wurde da? Ach, sag es mir schnell, ganz schnell, mir ist ganz heiß vor Ungeduld, es zu wissen!« Seine halblaute Stimme, deren Raunen so beruhigend war, antwortete: »Dann hatte das Mädchen, das sehr schöne Mädchen den Edelstein, und so konnte es ihren Wächter damit bezahlen und aus dieser Gefangenschaft entfliehen. Sie war schnell draußen und dann im Wald, legte sich zur Ruhe und schlief neben einer Quelle ein, die sang sie in den Schlaf. Weißt du, Leila, meine Blume, die Wasser sind immer gütig, sie singen in Schlaf – das ist die Stimme ihrer Peri, denn jede Quelle hat eine Peri, das weißt du doch, meine kleine duftende Blüte?« Und wieder kam die Kinderstimme, sagte: »Aber nein, Pederim, woher sollte ich es wissen, da du es mir nie gesagt hast?«

Es trat ein kleines Schweigen ein. Das mochte wohl daher rühren, daß Mehmed Ali diese schmerzhaft treffenden kleinen Stiche – unbewußt getan und darum um so schmerzhafter – verwinden mußte.

»Pederim! Warum sagst du nichts? Ich will von der Peri wissen, der in der Quelle.«

Und wieder das halblaute Raunen: »Ja, meine Blume, du sollst von ihr hören. Sie wohnt in der Quelle, und sie ist die Quelle, und von ihr kommt das Singen der Quelle und von ihrer Schönheit und Güte der süße Geschmack des Wassers. Du darfst sie niemals erzürnen, denn sie kommt von Allah, und so mußt du bei jedem deiner durstigen Schlucke Wassers leise für dich sagen: ›im Namen Allahs‹. Das ist dann der Dank auch für die Peri, verstehst du, meine kleine Blume?«

Sie mußte wohl genickt haben, das konnte Narfilah nicht sehen, aber sie hörte mit Rührung das feine Stimmchen feierlich wiederholen: »Im Namen Allahs ...« Und sofort kam die Antwort des Vaters: »Das war schön und recht. Du wirst merken, wenn du das immer sagst, schmeckt dir das Wasser süß. Was ist dir, Leila, meine Blume? Dürstet dich von dem vielen Quellenrieseln, das du gehört hast? Sieh, da neben mich hat deine verehrenswerte Mutter einen Tonkrug mit Wasser gestellt. Fühle nur, wie taufrisch er sich angreift! Und hier auf der anderen Seite ist der Becher. Warte, ich schenke dir ein.«

Da aber glitt ein Schatten herbei, und Narfilah nahm Mehmed sanft den Becher aus den tastenden Fingern, füllte ihn mit dem kühlen Wasser und reichte ihn ihm zurück, wobei ihre Hand wie liebkosend die seine berührte — etwas, das kaum je vorher geschehen war, so groß war ihre Scheu vor ihrem Manne gewesen. Seine Finger strichen über die ihren hin, und ein Lächeln stand in seinen beweglichen Zügen, als er Leila den Becher reichte. Die Kleine sah zu der Mutter auf, sagte glückselig, mit einem Jubel in der hellen Kinderstimme: »Annam, es ist nicht wahr, was die anderen Kinder immer gesagt haben, daß ich keinen Vater hätte. Sieh nur, wie warm und gut er ist. Und er kann erzählen! Annam — gerade erzählte er, wie das gefangene Mädchen sich retten konnte, und jetzt ist es im Wald, bei der Peri von der Quelle ... Und was tat sie dann, die auch meine Freundin ist, Pederim?«

Mehmed Ali sah lächelnd zu seiner Frau auf, die ihm die Hand auf die Schulter legte, diese feste, gute Hand, von der so viel Ruhe und Sicherheit ausging. Er neigte sich wieder über sein kleines Mädchen, raunte ihm zu: »Was glaubst du wohl, daß deine kleine Freundin tat? Sie schlief beim Singen der Quellenperi ein. Höre nur, was die Peri sang! Hörst du mich, Leila, meine Blume?« Die feine Stimme klang jetzt auch ganz müde, sagte aber fragend: »Wenn ich auch schlafe, Pederim,

bist du dann noch da, wenn ich wach werde? Sonst schlafe ich nicht.« Wieder stach es Mehmed Ali ganz fein aus den Worten mitten ins Herz, aber die Hand auf seiner Schulter streichelte beruhigend, und so sagte er zusichernd: »Ich bin noch da, wenn du wach wirst, Leila, Blume meiner Seele. Aber nun schlafe mit deiner kleinen Freundin zusammen, willst du? Und ich singe dir, was die Peri sang. Hör zu! Das klingt so ...«
Kaum die Stimme erhebend, tief über seine kleine Tochter geneigt, sagte Mehmed Ali, der Haiwanli: »Die Wasser singen, die Tropfen fallen, ein jeder Tropfen sagt: Allah, Allah! Ein jeder Tropfen aller Wasser, die er schuf, singt seinen Namen, seine Güte. Allah, Allah!«
Die Kleine murmelte wie im Traume: »Allah —«, legte den Kopf an des Vaters Schulter, atmete tief auf, voll des Glückes der Geborgenheit — und schlief. Narfilah wartete kurze Zeit, beugte sich dann mit einer ganz neuen Zärtlichkeit zu ihrem Manne nieder, hauchte ihm zu: »Willst du nicht zur Ruhe gehen, Herr? Sie schläft.« Er hob den Kopf zu ihr, hauchte zurück: »Ist sie weniger als jenes Lamm? Ich bleibe. Sie wurde meine Tochter heute nacht.« »Du sagst es, Herr. Gesegne es uns allen Allah.« »Amihn«, ward ihr zur Antwort.

Pederim

Seit langer, langer Zeit zum ersten Male war der Platz am alten Brunnen leer. Es war seltsam, wie sehr der Bedesten verwandelt schien, da die Stimme des Blinden nicht zu hören war, da um den alten Brunnen keine lauschenden und eifrig mit dem Haiwanli sich besprechenden Leute standen oder hockten. Seifullah Bey hatte viel Unruhe um sich an diesem Tage, denn immer wieder kamen solche zu ihm, die Auskunft haben wollten über den Haiwanli, weil er unmittelbar gegenüber von Seifullahs Sitz seinen Platz hatte. Je mehr die Zeit fortschritt, ohne daß der Blinde zum alten Brunnen kam, desto unruhiger wurde auch Seifullah, der zu seinem eigenen Erstaunen bemerken mußte, wie lebensnotwendig ihm das Gegenüber des Haiwanli schon geworden war. Das Fehlen dieser leisen Stimme, deren Raunen doch über allen Lärm des Bazars hin zu vernehmen war, ließ plötzlich alles Leben ringsum als verstummt erscheinen.

Seifullah beschloß deshalb, nach dem Abendazan

zu Mehmed Ali zu gehen; er wußte, es gab kaum jemand im Bedesten, der ihn nicht zur Wohnung des Blinden hätte geleiten können. Inzwischen aber hatte er viel Zeitverlust durch die Unermüdlichkeit eines Mannes in Reitkleidung, der Aussprache nach ein Syrer, der wieder und wieder bei ihm erschien, um nach dem Haiwanli zu fragen.

»Djanoum, mein Freund, habe ich dir nicht schon viele Male gesagt, daß ich nicht weiß, was mit dem Haiwanli geschah? Verstehst du nicht, was man dir in unserer Sprache sagt? In welcher soll ich dich sonst anreden? Sage!«

Der Syrer zuckte auf diese Frage hin nur die Achseln und hockte sich beim alten Brunnen nieder, offenbar entschlossen, zu warten, bis sich Tag und Nacht vereinten. Seifullah hatte allen Grund, mit dem immer wiederkehrenden Frager ungeduldig zu werden, denn es befand sich ein Kunde bei ihm, an dessen Befriedigung ihm sehr viel lag.

Der Ferenghi saß neben ihm im Hocksitz und trank gemächlich seinen Kaweh und war nicht wie andere seiner Art. Er kannte keine Ungeduld, er hatte niemals Eile, und er verstand das Spiel des Bazarlik, als sei er ein Landsmann. Das war auch kein Wunder, denn dieser Inglis war in Stambul geboren, wo sein Vater mit Hamdi Bey zusammen am Museum arbeitete, das im Serail der alten Sultane eingerichtet worden war. Kurze Zeit lang nur, einige Jahre, war Grigor Bey, wie der junge Doktor Gregory Small genannt wurde, fern von Stambul geblieben, das ihm die Heimat bedeutete, und hatte im Land seines Vaters studiert, um als Arzt zurückzukommen. Wie alle, die eine doppelte Heimat ihr eigen nennen, hatte er keine, fühlte sich aber hier im Bedesten mehr als anderswo heimisch und hatte Zeit, um sich mit seinem Freunde Seifullah, der schon dem Knaben allerlei Kenntnisse vermittelt hatte, zu unterhalten, weil er noch keinerlei Tätigkeit ausübte.

Wenn es auch unziemlich ist, Neugier zu zeigen, so fiel es Grigor Bey doch auf, wie heftig der sonst so ruhige Seifullah den ausdauernden Frager abgewiesen hatte, und er stellte ganz leise und nebenher nun selbst eine Frage, sagte zwischen zwei Zügen an seiner Zigarette: »Warum, o Seifullah Bey, erregt dieser nebensächliche Mann dich, der du die Ruhe selbst bist? Ist es dir genehm, es mir zu erklären? Sonst vergib die Frage, ich bitte dich.«

Seifullah warf mit ärgerlichem Schwung seine Zigarette auf den Weg, so daß ein dort ruhender Hund erschrocken aufstand, und sagte beinahe zornig:

»Dieser Syrer hat mich erregt, weil er etwas fragt, das ich selbst fragen möchte: Wo nur, im Namen verschiedener Derwische, kann sich heute der Haiwanli verborgen haben? Der Platz am alten Brunnen ist leer, und nicht nur das, der ganze Bedesten ist leer und stumm!«

Gregory Small sah voller Staunen auf seinen alten Freund und schaute dann auf den von Bewegung und lautem Leben wimmelnden Hauptweg des Bedesten. Der Lärm war solcherart, daß es schwer wurde, sich miteinander zu verständigen, auch wenn man so nahe beieinander saß wie er und Seifullah. Das Hin- und Herhasten unzähliger Händler und Käufer so lebhaft wie nur je. Gregory begriff wohl, daß hier etwas Besonderes vorlag, fragte darum behutsam: »Du sagst, Bey Efendim, der Platz am alten Brunnen sei leer, doch sitzt dort jener, der dich wiederholt befragte, und das Leben rings um uns ist laut und lebendig wie immer. Dennoch nennst du den Bedesten leer und stumm? Was kann das bedeuten, o mein Freund?«

»Du hast recht zu fragen, Grigor, mein Sohn. Es ist so, daß es Menschen gibt, die sind des Lebens Fülle — nicht der Lärm des Hin und Wider, nicht Handel und Wandel sind es, nein, diese Menschen, ich sollte sagen, deren einer ist es. Nun haben wir hier einen solchen, und der, Grigor, ist blind, hat niemals sehen können, wurde aus dem Dunkel des Mutterleibes in eine dunkle Welt geboren. Trotzdem aber sieht er mehr als wir Sehenden, hört er, was wir nicht vernehmen, fühlt er, was wir niemals spüren. Für ihn sind die Tiere alles. Er lebt mit den Tieren, ich sollte sagen, er tat es einmal auf seines Vaters Tschiftlik, und er berichtet von Tieren, ihrem Tun und Sein. Dort drüben, an meines Urgroßvaters Brunnen, pflegt er zu sitzen, und zu ihm kommen alle, die etwas Seltsames wissen von Tieren, ihn darob zu befragen, es ihm zu berichten. Sein Gedächtnis ist dem des Gesegneten gleich, in dessen Namen wir Moslim leben, und er pflegt zu sagen, daß Allah die Eigenschaften der Tiere schuf zur Belehrung der Menschen. Dieser Blinde, den sie hier bei uns den Haiwanli nennen, dieser sehr Sehende — verstehst du mich, Grigor? — sagte einmal, daß es Allah schwerfalle, den Menschen zu zeigen, was er wolle und meine, da ihr Geist und der seine sehr verschieden seien. So habe denn Allah durch die Tiere versucht zu sagen, was er wolle. Durch das Pferd Mut, sichere Kraft, Schnelligkeit. Durch das Kamel Geduld und hilfsbereite Klugheit. Durch den Esel Ergebenheit. Durch den Elefanten Unterordnung der Kraft unter den Geist und Klugheit. Durch den Hund Treue. Vieles mehr durch alles, was fliegt und in der Luft lebt — begreifst du es wohl, Grigor, mein Sohn?«

Der Doktor der Medizin Gregory Small hatte nicht umsonst zweierlei Vaterland und erfaßte sogleich, was gemeint war. Lebhafte Anteilnahme spiegelte sich auf seinem klugen jungen Gesicht, und er fragte eifrig: »Wann könnte ich diesen Haiwanli kennenlernen, Bey Efendim? Er hat etwas wie einen neuen Glauben geschaffen, weißt du das? Einen Heiligen gibt es im Lande Italien, Franziskus heißt er, und er liebte die Tiere so sehr, daß er ihnen seinen Glauben an Gott predigte, da er sicher war, sie würden ihn besser verstehen als die Menschen. Ist es nicht über die Jahrhunderte fort fast ein Gleiches, o mein Freund Seifullah Bey?«

Seifullah rauchte gedankenvoll an der neu entzündeten Zigarette, dachte vieles und sagte endlich zustimmend: »Es gleicht sich, ja. Denn groß ist Allah und immer der gleiche, wie man ihn auch benennen möge. Verstehst du jetzt, warum ich sagte, der Bedesten sei leer und stumm, weil diese Stimme heute fehlt? Es ist das erstemal in Jahren, und ich bin sehr beunruhigt. Ich möchte fast noch vor dem Abendazan gehen, Mehmed Ali aufzusuchen, um zu wissen, was geschehen ist.«

Eifrig sagte Gregory: »Und warum tust du es nicht, o Seifullah Bey? Kannst du es dir nicht leisten, dich für einige Stunden von hier zu entfernen? Wer denn, wenn du nicht? Und darf ich mit dir kommen? Vergiß nicht, ich bin jetzt Hekim, und wer weiß, ich könnte gebraucht werden.«
Seifullah sah Gregory Small für kurze Zeit gedankenvoll an, nickte dann zustimmend, rief seine Diener herbei und gab ihnen einige Anweisungen. Dann erhoben sich beide gleich leicht und mühelos, der eine, weil er ein Moslim war, der andere, weil er in Cambridge der beste Ruderer gewesen war. »Es ist ein guter Gedanke von dir, Grigor, mein Sohn, denn nur Erkrankung kann Mehmed Ali gehindert haben, zu kommen. Heh, du, Tschodschuk, komm her, willst du mich zur Wohnung des Haiwanli geleiten für ein Bakschisch? Du kennst sie doch, ja?« Der herbeigerufene Junge sagte ganz entrüstet: »Wer von uns, Bey Efendim, weiß nicht, wo der Haiwanli wohnt? Und wie gut, daß du zu ihm gehst, wir alle sprachen schon davon, welch schwarzer Tag dieser für den Bedesten sei, da der Haiwanli nicht bei uns ist. Kommt, ich zeige euch sein Haus, es ist nahe von hier.«
Der kleine Junge trottete beflissen voran. Seifullah wandte sich an Gregory, sagte leise: »Hörtest du,

was der Kleine sagte? Und beginnst du zu begreifen, was dieser Blinde uns allen bedeutet? Du wirst es verstehen, wenn du ihn gesehen hast und gesprochen. Doch vorher muß ich dich auf etwas vorbereiten: er ist, wie ich dir schon sagte, von Geburt an blind, aber seinen offenen, stark leuchtenden Augen siehst du nichts davon an, solcherart, daß schon manche glaubten, er spiele die Blindheit nur, und auch ich, das muß ich zu meiner Schande gestehen, nahm es an.«

Der junge Arzt fragte voller Anteilnahme, in seinen neu erworbenen Kenntnissen berührt: »Sie sind offen und erwecken den Eindruck des Sehens, diese Augen? Haben keinen starren Blick, keinen Schleier, nichts?« Seifullah verneinte mit einem Kopfschütteln. »Nichts derart. Sie sind vielleicht nur etwas leuchtender als die Augen Sehender, sonst ist kein Unterschied zu erkennen.«

So kam es, daß der junge Arzt, ganz in fachliche Probleme versunken, achtlos durch die schmalen Gassen Stambuls dahinschritt und aufschrak, als Seifullah ihn am Arm berührte und leise sagte: »Wir sind angelangt.« Geld wechselte die Hand, und der Junge lief erfreut davon, während Seifullah den Klopfer an der Tür des kleinen roten Holzhauses in Bewegung setzte und geruhig wartete.

Es dauerte nicht lange, da öffnete eine verschleierte Frau die Tür und legte sogleich den Finger auf den verborgenen Mund, solcherart um Schweigen bittend und leises Verhalten. Sie murmelte kaum verständlich hinter den Schleierfalten hervor: »Wollet leise sein, Efendiler, unsere kleine Tochter ist krank, und ihr Vater ist bei ihr, sie zu hüten.«
Seifullah grüßte höflich, Gregory tat ein Gleiches nach der ihm von Kindheit auf vertrauten orientalischen Art, und Seifullah fragte flüsternd: »So ist dein Kind krank, nicht aber Mehmed Ali, o Hanoum?« Sie nickte ergeben, flüsterte zur Antwort: »Du sagst es, Herr, mein Kind erkrankte, der Vater aber versucht nach seiner Art, der Krankheit Herr zu werden. Er hält sie schon die ganze Nacht im Arm, auf daß sie warm bleibe, die sehr friert, und erzählt ihr die schönsten Geschichten, damit sie schlafe. Hörst du ihn, Herr?«
Zu Seifullah und Gregory klang die raunende Erzählerstimme, die sagte grade eben: »Du weißt doch, Leila, meine Blume, daß deine kleine Freundin jetzt nur den Wald zum Gemach und Aufenthalt hatte? Da kamen die Tiere des Waldes, die sie nicht fürchteten, und brachten ihr Nahrung. Die auf Bäumen und Sträuchern herumspringenden Eichhörnchen brachten Nüsse. Die kleinen Tiere des Bodens,

die braunen Mäuse, brachten Beeren, und die Rehe brachten Moos herzu, damit die Kleine weich ruhe. Dazu sang die Wasserperi ihr Lied, und so war deine kleine Freundin glücklich und zufrieden, geborgen im Walde und vor aller Unbill beschützt.«

Die Lauscher hörten jetzt die Kinderstimme, die sagte, und es klang sehr müde: »Pederim, ich wollte, ich wäre auch im Walde, da wäre mir nicht so heiß und kalt zugleich. Ach, ich möchte so gerne schlafen — du gehst nicht fort, wenn ich schlafe, Pederim?« »Ich gehe nicht fort, du kannst es mir glauben, meine Blume.« Wieder kam die kleine Stimme: »Das ist so schön, wenn du meine Blume sagst — Tschitscheckim... So hat mich noch keiner genannt, Pederim.«

Gregory beugte sich flüsternd zu Seifullah, sagte ernsthaft: »Die Kleine hat Fieber. Sage der Frau, ich sei Arzt, sie soll mich zu dem Kinde lassen, ich werde es in meine Obhut nehmen.« Seifullah, der tief beeindruckt war von dem, was er gehört hatte, wandte sich an Narfilah, die geduldig neben ihnen stand, ihr Belieben abwartend, und sagte leise: »Hanoum Efendim, dieser mein Freund ist Hekim. Er möchte dein Kind von seiner Krankheit befreien, würdest du ihm Erlaubnis geben dazu? Du sollst keine Sorge haben, ich bin ein alter Freund deines Mannes und

kenne ihn schon viele Jahre. Du kannst mir vertrauen und auch diesem meinem jungen Freunde hier.«
Sie schaute durch den Schleier hindurch in das ruhige Gesicht des Seifullah Bey, und sie glaubte ihm. Leise sagte sie: »Gut wäre es, wenn es dem Hekim Efendim gelänge, Mehmed Ali zu bewegen, sich endlich zu erheben und ein wenig zu ruhen. Seit er gestern vor dem Azan heimkam, sitzt er dort am Boden und hält unser Kind im Arm. Es kann nicht mehr lange dauern, und er bricht zusammen, der Gütige, der Geduldige.« »Seit vor dem Azan?« sagte fragend Gregory. »Das wären jetzt mehr als zwanzig Stunden . . . Gehen wir hinein, Seifullah, dem muß geholfen werden.«
Die Frau nickte, hob den Vorhang ein wenig und flüsterte: »Herr, Freunde kommen.« Mehmed Ali hob den Kopf, der über den Körper seiner kleinen Tochter geneigt gewesen war, horchte sichtlich, tat einen leisen Ausruf, sagte erstaunt: »Du, mein Freund Seifullah Bey, kommst mich aufsuchen? Welch eine Ehre und Freude für mich und mein Haus! Vergib, Bey Efendim, ich möchte mich erheben, aber du siehst, ich vermag es nicht.« Er wies lächelnd auf das Kind, das er mit einer Hand an sich gepreßt hielt, und sagte dann aufmerksam: »Es

ist aber noch einer bei dir, Herr, dessen Schritt mir unbekannt ist. Ich bitte dich, wolle ihn mir nennen, daß ich ihn, der in deiner Gesellschaft mein Haus betritt, gebührend begrüßen kann.«
Gregory hielt sich noch zurück, blickte aber voller Anteilnahme auf das Kind und auch auf die seltsamen, leuchtenden, blinden Augen, die, weit aufgeschlagen, alles zu sehen schienen. Er hatte dergleichen noch niemals beobachten können, so viele Fälle von Blindheit auch den werdenden Ärzten zum Studium in Londons großen Kliniken vorgeführt worden waren. Aber das schnelle Atmen des kleinen Mädchens nahm dann ganz seine Aufmerksamkeit in Anspruch, und er stieß Seifullah leicht an, wies mit dem Kopf auf das Kind hin. Der verstand, was er meinte, sagte ernsthaft zu Mehmed Ali: »Ich habe dir, mein Freund, einen mir gut bekannten, ja, seit seiner Kindheit vertrauten Freund mitgebracht, der ein Arzt ist aus Ferenghistan, soeben wieder zu uns zurückgekehrt, er, der in Stambul das Licht erblickte. Wolle ihm und mir das Vertrauen schenken und erlauben, daß er deine Tochter betrachtet mit den Augen eines Hekim und zu ihrer Heilung hilft. Willst du es ihr sagen, auch, daß sie nichts zu fürchten hat? Denn niemand wird ihr Schmerz bereiten.«

Mehmed Ali beugte sich tief auf die Kleine in seinen Armen, sagte weich und halblaut: »Meine Blume Leila, lasse diesen weisen Hekim, ich bitte dich, ein wenig nachschauen, was es sein könnte, das dich frieren macht und dann wieder heiß sein. Willst du es mir zuliebe tun, Leila Tschitscheckim?«
Die Kleine griff nach dem über sie geneigten Gesicht, und zum ersten Male in seinem Leben spürte Mehmed Ali die liebkosende Hand seines Kindes. Die Tränen stürzten aus diesen weit offenen, blinden Augen, und Leila sagte leise: »Warum weinst du, Pederim? Weil du mich loslassen sollst? Weine nicht, es geht vorüber. Die Mutter wird mich halten, ist es nicht so, Annam?«
Die tiefe, ruhige Stimme der Narfilah sagte: »So ist es, mein Kind. Komm zu mir, daß ich dich auf dein Lager lege! Dieser gute Hekim wird sehen, daß es dir bald besser geht und der Peder nicht um dich zu weinen hat. Verstehst du mich, Leila?« Ernsthaft, so ernst, wie nur Kinder zu sprechen vermögen, die das, was sie sagen, mit ihrem ganzen Wesen meinen, sagte Leila: »Ich verstehe, und ich freue mich, wenn der Peder nicht weint. Ist er noch hier? Er soll zu mir sprechen, ich bitte.«
Dieser Bitte nachzukommen, war etwas schwierig, denn soeben bemühten sich Seifullah und Gregory,

den völlig bewegungslos gewordenen Mehmed Ali aufzurichten. Aber er hörte des Kindes Bitte und sagte mühsam: »Ich bin hier, Leila, und trinke eben etwas Wasser, weil mich dürstet.« »Sei es dir gesegnet, Pederim«, kam die Antwort, und indessen versuchte Gregory, die steifgewordenen Glieder durch Reiben und Bewegen wieder verwendungsfähig zu machen. Es war ein schwieriges Stück Arbeit, die aber Seifullah bald dem jungen Arzt abnahm, um diesem Zeit zu lassen, sich um das Kind zu bemühen, das nun die Mutter, auf dem Lager halb sitzend, in den Armen hielt.

Die Kleine erzählte sehr aufgeregt von allerlei Waldtieren, und Gregory erkannte, wie falsch, wenn auch gut gemeint, diese Beruhigungsart des Vaters gewesen war. Er bedurfte keiner langen Untersuchungen, um festzustellen, daß nichts weiter als eine fiebrige Erkältung oder Infektion vorliege, und er mußte verordnen, daß weitere Geschichten irgendwelcher Art vorläufig nicht erzählt werden dürften. Ihm wurde unerwarteter Widerspruch seitens der Mutter, dieser ruhigen Frau. »Das wird nicht gehen, Hekim Efendim, denn Leila hat soeben erst durch diese Erkrankung ihren Vater gefunden. Er hatte immer im Bazar zu tun, und wenn er zurückkam, schlief sie schon. So sah sie ihn kaum und

hat erst jetzt seine große Liebe und Sorgfalt kennengelernt. Ihn ihr jetzt schon wieder zu nehmen, würde sie nur kränker machen, Hekim Efendim. Das werdet Ihr verstehen.«
Gregory sah erstaunt die Frau an, die unbewußt ihren Schleier hatte sinken lassen und deren zwar starkes, aber unschönes Gesicht er nun betrachten konnte. Ratlos gab er zur Antwort: »Aber ich will ihr doch den Vater nicht nehmen, nur Geschichten soll sie jetzt nicht hören.« Narfilah lächelte und wurde auf eine seltsame Art schön, so viel Kraft und Wärme lebte in diesem Lächeln, das der Ausdruck ihres Wesens war. »Und eben das ist ihr Vater: die Geschichten – das ist er. Nehmt Ihr sie, so nehmt Ihr ihn. Der Gewinn ist noch zu neu, um schon zum Verlust zu werden, Hekim Efendim.«
Was war da zu tun? Ratlos sah der junge Arzt, dessen erste Patientin die kleine Leila war, von einem zum anderen und begegnete dem lächelnden Blick von Seifullah zugleich mit dem blicklosen Lächeln von Mehmed Ali. Sie schienen ihn beide erwartungsvoll anzuschauen, wenn auch der Haiwanli nur lauschend vorgeneigt war, die Täuschung bestand doch. Erwarteten sie nun orientalische Weisheit von ihm? fuhr es mit siedendheißem

Schreck durch des jungen Briten Denken. Plötzlich aber erinnerte er sich an einen Ausspruch jenes großen Gelehrten Hamdi Bey, des Vaters Vorgesetzten, der einmal etwas geäußert hatte, ohne zu ahnen, daß ein kleiner Knabe ihn hörte, der seine Worte niemals vergaß. Hamdi hatte gesagt: »Immer der Zeit vertrauen! Sie löst alle Rätsel und ist Allahs Hinweis für die Menschen, sagt er doch: wie sie vergeht, ist der Weg zu mir immer kürzer.«

Das waren die Worte, an die sich Gregory erinnerte, und es schien ihm, als gäben sie ihm den Hinweis, daß man es verstehen müsse, zu warten, und alles werde sich lösen.

So begab er sich zunächst einmal an seine Tätigkeit als Arzt, das Kind behutsam zu untersuchen, und stellte eben nichts als eine fiebrige Erkältung fest. Er erinnerte sich eines älteren Arztes, der wiederholt gewarnt hatte, Fieber bei Kindern zu überschätzen, und es darf hier bemerkt werden, daß diese erste ärztliche Betätigung des jungen Doktors Gregory Small bestimmend wurde für sein weiteres Wirken, denn er galt nach einigen Monaten als der Helfer und Hüter der kranken Kinder Stambuls. Zugleich darf berichtet werden, daß er sich niemals verleiten ließ, nach Pera hinüberzukommen; ihm

war das alte Stambul heimatlicher, und er fand zudem, daß seine gründliche Kenntnis des Türkischen ihm dort und nur dort dienlich wäre.
Wie dem auch sei, Grigor Hekim wurde bald die begehrteste Persönlichkeit, sobald ein Kind in Stambul erkrankte. Und wenn je einmal einer fragte, wer das denn wohl sein könne, so wurde ihm Antwort, sein Unwissen gebührend verachtend: »Weißt du das nicht und bist einer der Unseren? Er ist es, der die Leila des Haiwanli gesunden ließ, und seine Hand ist gesegnet.«
Dieses alles aber hatte noch Zeit, viel Zeit, und für den Augenblick ging es darum — so wenigstens dachte Seifullah Bey —, zugleich ein erregtes Kind zu beruhigen, einem müden Manne Erholung zu schaffen und dem Bedesten den Haiwanli zu erhalten. Deshalb setzte er sich, als er hörte, wie Mehmed Ali im Baderaum, der, wie ein jeder weiß, in keinem Haus Stambuls fehlt, die steifen Glieder geschmeidig machte und Gregory sich mit Narfilah in einen Nebenraum begab, um jene überall üblichen Besprechungen zwischen Arzt und Mutter zu erledigen, auf einen Eskemleh neben das Lager der kleinen Leila und begann die Unterhaltung damit, sie zu fragen, ob der Hekim ihr auch nicht Schmerz bereitet habe?

Danach ergab sich alles Weitere von selbst, und der Mann, der es so gut verstand, die Menschen zu behandeln zwischen Ispahan und Arabistan, wandte jetzt seine ganze Geschicklichkeit an, um ein kleines, müdes Mädchen seinen Gedanken gemäß zu beeinflussen. Er begann so: »Du hast deinen Peder sehr gern, kleine Leila?« Eifrig kam die Antwort: »Du mußt verstehen, Herr, ich habe erst jetzt einen Peder. Aber er ist so gut, so warm, und er weiß so schön zu erzählen, wie es nur Djan Hasaretlereh verstanden hat, wie es heißt.«

Hier muß gesagt werden, daß dieser Djan Hasaretlereh nichts anderes ist als des Menschen Seele, die verehrenswerte, die niemals vergehende, die alle Berichte von der Herrlichkeit des Paradieses zu geben vermag. Aber ein Kind stellt sich einen vielberedten, geheimnisvollen Mann darunter vor, und so mag es denn hingehen.

Seifullah hätte kein besserer Fischerhaken gewährt werden können, an den er sein Fischernetz aufhängen konnte. Schnell sagte er: »Nun siehst du, kleine Leila, das eben ist's. Es gibt so viele, viele Menschen im Bedesten — du weißt doch, was das ist, der Bedesten?« Ein mitleidig verächtlicher Blick traf den großen Seifullah aus den klugen dunklen Kinderaugen, und die Kleine sagte mit einem Ach-

selzucken: »Wer glaubst du denn, daß ich bin, daß ich nicht wissen sollte, was der Bedesten ist?«
Seifullah schluckte lächelnd diese Fülle der Verachtung und fuhr fort: »Nun also, da du alles so gut weißt, wirst du auch verstehen, daß es viel bedeutet, die berühmteste und bekannteste Gestalt des Bedesten zu sein — du hörst mich?«
Leila hörte ihn nicht nur, sie richtete sich auch von ihrem Lager auf, sagte mit hochroten Wangen und sprühenden Blicken: »Wer denn könnte so hochberühmt sein, daß er im hochberühmten Bedesten so angesehen ist?« Sehr befriedigt über sein Vorgehen sagte Seifullah mit gespielter Ruhe: »Dein Vater, Mehmed Ali, der Haiwanli.«
Die kleine Leila, die hiervon nichts wußte, sprang aus ihrem Bette heraus, dem wunderbaren Manne, der so von ihrem Peder sprach, auf den Schoß, sah hingerissen in sein ruhiges, kluges Gesicht, rief halblaut, drängend: »Erzähle, o erzähle mir alles! Wie herrlich, ach, wie herrlich ist das! Erzähle mir!«
Und Seifullah tat, wie sie es wünschte. Er nahm einige Decken vom Lager, wickelte den Kinderkörper warm ein, und dann berichtete er. Er sagte, wie der Bedesten lebe und atme von den Erzählungen des Haiwanli und daß der Bedesten heute, da eben

dieser sein Djan Hasaretlereh nicht dort gewesen sei, stumm und leer blieb, was auch an lautem Leben sich hindurchwälze. Leilas Vater sei das Leben des Bedesten, und von allen Teilen der Heimat nicht nur, vom ganzen Osten her kämen sie, ihm von Tieren zu berichten und von deren Seltsamkeiten unter der Hand Allahs. »Willst nun du, o Leila, daß um deinetwillen, und weil du ihn hier bei dir haben willst, der gesamte Bedesten veröde? Daß dort der alte Brunnen nicht mehr lebend ströme? Sage!«

Sie lehnte ihr fiebermüdes Köpfchen an die Schulter, die sich ihr bot, und fragte leise: »Hat er auch eine Peri, der alte Brunnen?« Es geschah hier dem großen Seifullah, der eigene Kinder und auch Enkel auf seinen Knien gehalten hatte, daß ihn bei dieser nahezu verträumten Frage des Kindes ein Schauer packte, denn er spürte den Geist des Vaters in diesem zarten kindlichen Körper. Und eben im gleichen Geiste gab er zur Antwort: »Gewiß hat er seine Peri, der alte Brunnen, und sie weinte heute vor Verlassenheit, da der Haiwanli nicht bei ihr ist.«

Leila richtete sich an den Schultern von Seifullah hoch, rief, so laut sie es vermochte: »Peder — o Pederim!«

Zwischen Wasserplatschen kam sogleich die Antwort: »Was ist, meine Blume?« Und schon erschien Mehmed Ali, in ein großes Tuch gehüllt, das auch seinen Kopf bedeckte und ihm das Aussehen eines Scheichs der Wüste gab. Er kam sicheren Schrittes daher, wohlvertraut mit diesem seinem Hause, und fragte heiter: »Nun, und was eilt so sehr, daß nicht einmal Zeit für das Hamam blieb?« Leila richtete sich noch höher, und Seifullah hauchte: »Ich habe sie hier bei mir, fühle, mein Freund!«
Mehmed Ali streckte eine Hand aus den umhüllenden Falten hervor, griff nach seines Kindes Kopf, als sähe er sie, streichelte das verwirrte Haar und fragte: »Was also wünscht meine Blume von mir?«
Die Kleine hielt die liebkosende Hand fest, sagte erregt: »Warum wußte ich es nicht, Pederim, daß um deines Fehlens willen die Peri des Brunnens im Bedesten weinen muß und daß du der Djan dort bist? Du mußt wieder hingehen, Peder, und ich werde mich beeilen, ganz gesund zu werden. Dann komme ich mit der Mutter auch dorthin. Aber du mußt dann wieder von den Tieren berichten und nicht nur bei mir sein, hörst du mich?«
Sehr bewegt von diesem erstaunlichen Verstehen des kleinen Wesens, das sich soeben als seine wirkliche Tochter erwiesen hatte, sagte Mehmed Ali

leise: »Hören ist gehorchen, Leila, meine Blume, und die Peri des Brunnens wird dir Dank wissen. Nur heute lasse mich noch hierbleiben, kleine Herrin, denn es ist schon spät geworden, und der Abendazan ist nicht mehr fern. Auch wüßte ich gerne, was der Hekim von deiner Krankheit zu berichten hat. Erlaubst du es?«
Sie lachte hell auf, da der Vater sie um Erlaubnis fragte, aber Seifullah fand, Mehmed Ali tue recht daran, denn an diesem Tage war Leila, die kleine Tochter des Haiwanli, der des Bedesten Djan war, zur Fürsprecherin geworden für die Verlassenheit der Peri des uralten Brunnens im alten Bedesten des alten Stambul.

Gerechtigkeit

Am nächsten Morgen hatte Mehmed Ali Sorge getragen, früh genug am alten Brunnen zu sein, um der Peri keine Zeit zum Weinen zu lassen. Will man aber ganz genau sein, so war nicht er es, der diese Sorge trug, sondern vielmehr Leila, seine Blume, die nur schwer von der Mutter guten und starken Händen auf ihrem Lager festzuhalten gewesen war. Sie erklärte, selbst sehen zu wollen, wie der Peder davonging, um der Peri Tränen zu stillen, und nur die Versicherung des Mehmed Ali mit Anrufung des höchsten Namens vermochte die Erregung der Kleinen zu beseitigen.

So kam es, daß der Haiwanli von einer Aufregung in die andere geriet, denn als er an seinem Brunnen ankam, lief ihm sogleich ein Mann entgegen, der ihn sicher überrannt hätte, wenn der Knabe, der den Haiwanli führte, ihn nicht mit einigen Worten von weniger Höflichkeit als Deutlichkeit sowie mit einem heftigen Rückschlag abgewehrt hätte. Kaum aber vermochte dieser Knabe, der gleiche, der am vorigen Abend Seifullah zum Hause des Haiwanli geführt hatte, mit Namen Hamdi, dem geliebten und verehrten Mehmed Ali das Strohkissen an die altgewohnte Stelle des Brunnenrandes zu legen, als dieser Mann in Reitkleidung sich schon auf den Haiwanli stürzte. In jener Mundart, die auch Seifullah die Herkunft aus Syrien verraten hatte, begann er allerlei daherzureden, was Mehmed Ali mit einer Handbewegung zum Schweigen brachte.

»Wem, mein Freund, ist mit dieser Hast gedient? Lasse mir Muße, mich an meinen gewohnten Platz am Brunnenrand niederzulassen, ein kurzes Gebet zu sprechen zu dem, der mir Gedanken und die Kraft, sie zu äußern, gab, und ich werde für dich da sein, solange du mich brauchst. Was soll die Hast? Hat sie jemals Gutes gebracht, Freund?«

Mit seiner schweren dunklen syrischen Aussprache des Türkischen sagte der Fremde: »Auch du würdest Hast in dir fühlen, wenn du erlebt hättest, was mir zu sehen beschieden war, und wenn du wie ich die ganze Nacht hier wartend verbracht hättest. Sieh, wie ungeordnet meine Kleidung ist, und fühle, wie das Sprühen deines Brunnens mich nahezu taubedeckt erscheinen läßt!« Mehmed Ali hatte, ohne auf das Gerede des Fremden zu achten, sein Gebet verrichtet, hörte jetzt die Worte: »Sieh und fühle«, und sagte geruhig zu dem erregten Manne: »Fühlen will ich wohl, doch sehen kann ich nicht, weil ich kein Augenlicht besitze. Doch lasse mich immerhin fühlen, und komm etwas näher, damit ich mir auch deinen Geruch zu eigen mache. Das aber ist nicht schwer, denn man kann dir meilenweit den Geruch der Pferde anmerken, und auch, daß du die Nacht in Unruhe verbrachtest, denn hier und auch an dieser Stelle ist deine Kleidung in Unordnung — was also peinigt dich, Freund und Bruder?«

Der Syrer schaute auf die leuchtenden Augen, fragte erstaunt: »So ist es also wahr, daß du nicht siehst, o Haiwanli, und doch ist es dir möglich, an meiner Kleidung und meinem Geruch zu erkennen, was ich tue und wer ich bin? Ich glaubte es nicht, als man es mir berichtete, aber nun hat es Raum neben dem Wunderbaren, das ich erschauen durfte. Wisse also, o Haiwanli, daß ich der Diener eines großen Ferenghi bin, der zu reiten versteht und die herrlichsten Pferde besitzt, die sich ein Reiterherz nur wünschen kann. Um dieser seiner Pferde willen ist es eine reine Freude, ihm zu dienen, obwohl sonst einer der Unseren nicht gern einem Ferenghi zu Willen ist. Er aber kennt die Pferde, wenn auch in anderer Art als wir, und ist ihrer wert, obgleich er als Inglis geboren wurde, woran er unschuldig ist, der Arme, den Allah solcherart strafte. Mit ihm jeden Tag zu reiten, ist meine Pflicht, und ich tue es gern, da er wirklich zu reiten versteht, der Ungläubige. So reiten wir in der ersten Morgenfrühe oftmals zu den Süßen Wassern nach Eyub — du weißt, o Haiwanli, wohin am Djumagün die vielen Menschen zu Wagen und zu Pferde kommen?«

Mehmed Ali nickte, sagte, er habe davon gehört und der Freund möge nur fortfahren zu berichten. Das tat der Syrer denn auch eifrig und eilig. Er sagte schnell:

»Nun ist es, o Haiwanli, jetzt die Zeit, da die Vögel wandern, du weißt es?«

Mehmed Ali beugte sich vor, denn seine Aufmerksamkeit war jetzt gefangen. »Ich weiß es wohl, Freund, was ist's damit?«

»Es ist damit, daß die Störche, die großen Vögel, deren Flügel wir Moslim Engelsflügel nennen, weil sie in der Wüste Schatten geben, wenn sie zu ihrer Zeit darüber fliegen, Schatten, wie Ischas Hand es tut — es ist also, daß diese Störche nahe von Eyub in ihrem Fluge verhalten, weil es auf viele, lange Reittage hin der einzige Platz ist, an dem es sumpfigen Boden gibt, was für die Störche Nahrung be-

deutet an Fröschen und ähnlichem Getier. Du hörst mich, o Haiwanli?«
Mehmed Ali gab einen leisen Laut des Lachens von sich und sagte: »Ob ich dich höre, Freund? Sieh mich an und frage nicht so töricht.«
Der Syrer erwiderte vorsichtig: »Es ist nicht viel wert, o Haiwanli, dich anzusehen, denn deine seltsamen Augen leuchten immer in gleicher Art, wie die Lampen in der Moschee, aber man kann auch an diesen nicht erkennen, ob sie stark, ob schwach brennen. Dein Antlitz, o Haiwanli, ist uns verschlossen, darum fragte ich.«
Mehmed Ali war sehr betroffen von diesen Worten, denn er hatte nichts davon gewußt, wie verstummt er wirke, da man ihm immer sagte, es sei, als sähe er. So senkte er den Kopf, denn er schämte sich seiner Absonderheit, und sagte leise: »Sprich weiter, ich höre dich mit allen mir verbliebenen Sinnen, höre dich besser, als es ein Sehender täte, glaube mir. So sprich denn, Freund.«
Der Syrer blickte forschend und scheu in das seltsam stille Gesicht mit den fremdartigen Augen, bemerkte dann aber die Haltung des gespannten Vorgebeugtseins und war sich der Aufmerksamkeit des Haiwanli bewußt. »Dort nun, o Haiwanli, standen wir am frühen Morgen des gestrigen Tages, um die

Pferde ein wenig ruhen zu lassen. Ich stand hinter meinem Inglis, der unsere Sprache spricht und versteht. Wir sahen hin auf die frischen, grünen Sumpfwiesen, und der Inglis wandte sich zu mir, mit dem er gleich einem Freunde redet, und sagte mit seltsamer Stimme: ›Sieh dort, Machmud‹ – so heiße ich, Haiwanli ...«

Eine kleine Unterbrechung trat ein, denn Mehmed Ali grüßte höflich den ihm genannten Namen, wonach Machmud dankend wiedergrüßte, um dann fortzufahren:

»›Sieh dort, Machmud‹, sagte er, ›so ist meine Heimat nicht nur an einzelnen Stellen, sondern vielfach grün und voller Feuchtigkeit ... Es packt mich ein Verlangen nach dem Memleket‹, sagte er, hob dann den Arm und rief: ›Störche! Sieh dort – Störche!‹ Ich erwiderte: ›Gewißlich Störche, Herr, denn hier ist ihre Ruhestätte auf ihrer Wanderstraße, und sie kommen alljährlich her, um zu rasten und sich an Fröschen des Sumpfes zu erlaben. Es ist keine Besonderheit, Herr!‹ So sagte ich. Er aber ließ sich nicht durch meine Worte beirren, er wies mit seinem Reitstab auf die Tiere hin, sagte ruhig: ›Und das dort, Machmud, siehst du das auch immer um diese Zeit? Ist das auch Fröschefangen und Rasten nach dem Flug?‹ – Und da sah ich es, Haiwanli, ich sah es!«

Mehmed Ali, ganz vorgebeugt, rief: »Djanoum, so sage doch endlich, was du gesehen hast, nach so vielen Worten vom Inglis und seinem Reitstab!«

Der Syrer, das war ersichtlich, riß sich zusammen und gab es auf, nach seiner Art unzählige Nebensächlichkeiten breit zu berichten, stürzte sich vielmehr wie ein Schwimmer ins weite Meer in das Wesentliche seines Berichtes, sagte eifrig und ernsthaft:

»Diese Störche, o Haiwanli, taten nichts anderes, als sich in einem Kreise aufzustellen, in einem richtigen Kreise, ja. Einer von ihnen aber blieb beiseite stehen, er tat es in gedrückter Haltung, und er rührte sich nicht von der Stelle. Die Störche aber, die im Kreise standen, o Haiwanli, neigten die Köpfe zueinander und begannen mit ihren langen roten Schnäbeln zu klappern, so als sprächen sie miteinander. Es währte eine Weile, dann begab sich einer der Störche aus dem Kreise hin zu jenem, der reglos mit gesenktem Kopf gestanden hatte, und es war, als riefe er ihn herbei zu kommen. Sie gingen zusammen in den Kreis der anderen Störche hinein, und der Herbeigeholte blieb reglos in der Mitte stehen, indessen der, der ihn holte, sich dem Kreis einreihte. Danach dann, ich sah es mit eigenen Augen, o Haiwanli, und ich werde es niemals vergessen — danach dann wurde der Kreis kleiner und kleiner, so gingen sie aufeinander zu, und als sie den, der sich nicht rührte oder wehrte, in ihrer Mitte eingeschlossen hatten, da stießen sie alle zugleich wie auf einen unhörbaren Befehl mit ihren spitzen roten Schnäbeln auf den inmitten des Kreises ein, bis er tot, durchbohrt und blutend, zusammenfiel. Das ist es, o Haiwanli, was ich gesehen und erlebt habe und was mich nicht mehr ruhen läßt. Hast du, o Haiwanli, dafür eine Erklärung?«

Mehmed Ali fragte lebhaft: »Hat dir der Inglis, in dessen Heimat die Störche besser bekannt sind als bei uns, keine Erläuterung gegeben?«

Der Syrer nickte, sagte lebhaft: »O doch, das tat er. Er sagte, unter den Störchen — das wisse man in seiner Heimat — herrsche strenge Gerechtsamkeit, und wenn einer eine Verfehlung begehe, seinem eigenen Nestgenossen untreu werde, dann geschehe es, daß er gerichtet werde auf die Art, wie wir es versteckt hinter Bäumen mit ansehen durften. Er meinte, dieses, was wir erblickten, sei ein solches Gericht gewesen, und er bemerkte, wie es sichtbar geworden sei, daß der Gerichtete sich nicht nur nicht wehrte, sondern ergeben sein Schicksal hinnahm. Mich aber, Haiwanli, bringt dieses um den Verstand. Ich habe gestern hier auf dich gewartet, um von dir, von dem gesagt wird, du wissest alles von den Tieren, zu erfahren, ob du dergleichen für wahr erachtest oder ob nur ein Ferenghi für die Tiere das darstellte, was die Menschen in Ferenghistan sich erdenken und es dort für möglich ansehen? Ich bitte dich, o Haiwanli, hilf einem Moslim und einem Manne, der lieber nicht mehr dem Ferenghi dienen möchte, wie sehr der auch die Pferde versteht, als an seinem Denken und Glauben Schaden zu leiden.«

Der Syrer schwieg erschöpft. Mehmed Ali betrachtete ihn sinnend und wußte sich einer seiner schwierigsten Aufgaben gegenüber. Er sagte endlich, behutsam fragend:

»Glaubst du nicht, o Machmud, daß es möglich wäre, Allah habe über Meere und Völker hinweg eine Botschaft zu geben? Und er habe dafür nur das Mittel gefunden, sich allen Menschen verständlich zu machen, da sie überall in der Welt verschiedene Sprachen reden, diese seine Botschaft durch die Tiere weiterzusenden? Was hältst du davon, mein Freund?«

Mehmed Ali wartete geduldig auf die Antwort, und er spürte in seiner seltsamen Feinfühligkeit das schwere und mühsame Nachdenken des Pferdepflegers. Immer schon hatte der Haiwanli zu Freunden gesagt, daß ebenso wie die Furcht, so auch das Nachdenken derer, die es nur selten tun, fühlbar wird durch eine von ihnen ausgehende vermehrte Hitze, und eben das war es, was er jetzt spürte. Aber er störte den Syrer nicht, glaubte jedoch zu wissen, was der hervorbringen werde, und darin täuschte er sich auch nicht, denn er hatte nicht vergessen, wie sehr der Pferdediener betont hatte, daß er als Moslim in Gefahr sei, Glauben und Verstehen zu verlieren durch dieses seltsame Erleben.

So kam es denn auch heraus, in mühsamen, langsamen Sätzen. Machmud sagte: »Ich könnte es mir vorstellen, Haiwanli, daß Allah auf diese Art Botschaften aussendet. Aber sage mir, warum muß er, da er doch alles weiß, sieht und kennt, uns diese Botschaft schicken durch die wandernden Störche? Was geht es einen Moslim an, ob ein Storch seiner Nestgefährtin treu bleibt oder sie verrät? Was ihn, ob irgendein Wesen einem einzigen Geschöpf treu ist? Dürfen wir nicht, so wir es vermögen, auch unter der Hand Allahs untreu sein, ohne daß uns jemand tadelt? Welches ist denn Allahs Botschaft an uns durch diese Störche und ihr grausames Tun? Sage es mir, Haiwanli.«

Mehmed Ali gab nur ein Wort zur Antwort: »Gerechtigkeit.«

Voller Erregung rief der Syrer: »Aber es gibt vielerlei Gerechtigkeit, Haiwanli. Die der Fremden ist die unsere nicht, wie auch ihr Glaube nicht der unsere ist und ihre Wahrheit nicht. Was also soll uns die Botschaft dieser fremden Gerechtigkeit?«
Mehmed Ali stützte den Kopf in die Hand, dachte nach, sagte dann aus seinem Sinnen heraus: »Wäre es nicht möglich, Machmud, daß Allah uns die Botschaft sendet um des Erbarmens willen? Warte – ich beendete meinen Gedanken noch nicht! Könnte es nicht so sein, daß er uns zeigen will, wie verschieden die Gerechtigkeit unter seinen Himmeln ist? Seht, sagt er, so ist es anderwärts, und so zeigen es euch diese meine Vögel mit den Engelsflügeln. Bedenket, meine Söhne, wie ist es bei euch mit der Gerechtigkeit und Ergebenheit unter ihr Geheiß? Ich meine jenen Vogel, der sich nicht wehrte noch entflog. Verstehst du, wie ich versuche, dem Gedanken Allahs zu folgen? Ein Unterfangen, das tiefster Ehrfurcht bedarf.«
Mehmed Ali schwieg, und ebenso tat es der Syrer, dem das Denken ganz ungewohnt war. Um ihm zu helfen, sagte der Haiwanli: »Du, der du so viel mit Pferden zu tun hast, versuchst du nicht auch, ihrem Wollen und Verlangen nachzuspüren, und bist doch ein Mensch, ein Mann? So sollte es mit allem sein,

das uns fremd erscheint: wir sollten suchen herauszufinden, was es uns sagen will. Verstehst du mich, Machmud?«

Mehmed Ali hörte, wie sich der Pferdeknecht erhob, fragte freundlich: »Half ich dir ein wenig, Freund? Und wirst du wiederkommen, so daß wir uns über Pferde unterhalten können? Wenn ich als Blinder ihnen auch fern sein muß, ich könnte dir doch einiges von ihnen berichten – und du mir auch. Kommst du wieder?«

Der Syrer beugte sich herab und berührte leicht mit der flachen Hand die Schulter des sitzenden Mehmed Ali, tat es als Gruß einer gewissen Ergebenheit. Er sagte halblaut: »Ich danke dir für deine Geduld, Haiwanli, und werde alle deine Worte überdenken, im Stall neben meinen Pferden ruhend. Und ich komme wieder, dessen sei gewiß, denn ich habe dich noch vieles zu fragen, besonders auch deshalb, weil der Inglis mir anbot, mit ihm in sein Memleket zurückzukehren, und ich nicht weiß, was ich tun soll. Bis dahin, o Haiwanli, Allaha ismagladih.«

Mehmed Ali hörte die sich entfernenden Schritte und dachte, sie müßten einem noch sehr jungen Manne zugehören, vergaß das aber bald im Nachdenken über diese seltsame Storchengeschichte.

Wenn er seine eigene Deutung anwenden wollte, daß Allah immer Botschaften aussende durch seine Freunde, die Tiere, dann mußte es auch eine solche sein, welche Er durch drei im Wanderzuge fliegende Schwalben erteilt hatte, davon ihm ein Kaufherr berichtet hatte, der, von seinem Kamele hochblickend, dieses Geschehen am Himmel erschaute:

Zwei Schwalben flogen ihres Weges hinter ihnen, eine aber, eine kleinere, noch nicht ausgewachsene, blieb mehr und mehr zurück, sichtlich der Ermüdung zum Opfer fallend. Da näherten sich die zwei anderen Schwalben der jungen, flogen rechts und links von ihr, schoben je einen Flügel unter das junge Tier, es so vor dem Herabfallen bewahrend, und benutzten eine jede nur einen, den äußeren Flügel, zum Weiterfluge.

Der Wüstenreiter hatte die drei Tiere längere Zeit noch beobachten können und war tief bewegt gewesen von dieser hilfsbereiten Klugheit. Damals hatte Mehmed Ali den großen Kaufherrn gefragt: »Und du, Herr, konntest du diese Botschaft Allahs verstehen und somit dem Schwächeren, wer immer er auch gewesen sein mag, mit deiner Klugheit Hilfe leisten?« Der Kaufherr war gegangen und hatte keine Antwort gegeben, aber das war Meh-

med Ali gleich, denn er war ein Freier, der weder zu gewinnen noch zu verlieren hatte durch die Meinung anderer oder ihr Tun und Lassen.
Und wie er so für sich sann, da gerade eben keiner seiner zu bedürfen schien, da fiel ihm die jedem Moslim so tief vertraute Geschichte ein von den Tauben, die dem Gesegneten geholfen hatten, als seine Feinde ihm nach dem Leben trachteten.
Wie es die Gewohnheit des Moslim ist, beim Beten leise vor sich hin zu sprechen, so tat es jetzt auch Mehmed Ali, der sich ganz allein glaubte und nichts von dem kleinen Buben wußte, jenem Hamdi, der ihm ganz besonders ergeben war. Der hatte sich herbeigeschlichen, denn er war ständig im Bedesten, um Botengänge zu besorgen, und als er die hauchleisen Worte des Haiwanli hörte, winkte er einigen Gefährten, die sich gleich ihm im Bedesten ihr kümmerliches Brot verdienten. Sie beneideten Hamdi sehr, weil er täglich vom Haiwanli Geschenke erhielt, und er nahm daher eine besondere Stellung unter ihnen ein. Deshalb ließen sie sich, als er winkte und dabei Zeichen machte, die äußerste Behutsamkeit anempfahlen, alle lautlos in der Nähe des alten Brunnens nieder und beugten sich vor, daß ihnen kein Wort der kostbaren Erzählung entginge — denn waren sie nicht alle stolz auf ihren Haiwanli

und seine hochberühmte Kunst? Der aber begann leise und andächtig vor sich hin zu sprechen, tat es, um auf diese Art vor sich selbst einen Dank abzustatten an den Freund und Helfer aller, Mohammed, den Propheten Allahs, dessen Name gesegnet sei. Mehmed Ali sagte, und die ärmsten der Knaben des Bedesten lauschten ihm atemlos:

»Es war zu der Zeit, als die Feinde des Gesegneten in Mekka, wo sie mächtig waren, ihn, der vielerlei an neuartigem Tun um Allahs willen von ihnen forderte, vernichten wollten, damit er sie ungestört ihrem Dienst an den Sternenjungfrauen überlasse. Da suchten sie ihn zu töten, aber Ali, sein Freund, der ihm ein Sohn war, hatte von ihren Absichten erfahren, und er vermochte den Gesegneten zu bewegen, mit ihm zu einer vor der Stadt gelegenen kleinen Höhle zu flüchten, deren Eingang von wilden Schlinggewächsen ganz verhüllt war, darin Tauben nisteten. Sie gelangten unbemerkt zu dieser Höhle, und die Tauben ließen den Gesegneten durch die grüne Wand hindurch ins Innere der Höhle gelangen, ohne sich stören zu lassen. Aber bei den Feinden war es ruchbar geworden, daß der Gesegnete entflohen sei, denn ein verräterischer Diener hatte Ali von jener Höhle sprechen hören. So machten sich denn die Häscher

auf, um den Gesegneten dort zu fangen und zu vernichten.
Sie langten vor der Höhle an, in deren Innerem der Gesegnete und Ali kaum zu atmen wagten, und standen vor dem grünen Vorhang und den nistenden Tauben. Sie schauten sich nach allen Seiten um, sahen aber immer nur wieder die Tauben im Gerank, und wie sie sich so ganz ruhig verhielten. Unmöglich, daß hier ein Mensch hindurchgeschlüpft war, denn dann würden die Tauben aufgescheucht fortgeflattert sein!«
Mehmed Ali hielt ein, denn er hatte das Atmen der jungen Knaben gehört, und winkte sie zu sich heran. Sie kamen leise, leise herbei, hockten sich so nah wie nur möglich neben ihn, und er griff hie und da nach einem Kopf, einem Arm, einer Hand, fuhr dann zu sprechen fort:
»Die Häscher, diese elenden Mörder, die den Gesegneten töten wollten, wandten sich ihres Weges zurück, und der Verräter hatte ihr vergebliches Tun dann zu büßen. Der Gesegnete aber konnte sich noch eine kleine Weile in der guten und zu preisenden Höhle verbergen, ehe er dann die Hedjir nach Medina antrat. Die Tauben nun, sie werden um ihrer Hilfe willen, die sie bei der Errettung des Gesegneten leisteten, noch heute in den Höfen unserer

Moscheen als geweihte Tiere gehalten, zur Erinnerung an jenes wunderbare Geschehen, das uns den Gesegneten erhielt. Es ist jedoch klar ersichtlich, daß Allah diese seine Freunde, die Tiere, die geflügelten, benutzte, um seinen Boten zu retten, der sein Wort zu verkünden hatte. Quran — das ist: lies!«

Mehmed Ali schwieg. Die Knaben saßen noch eine Weile reglos um ihn herum, dann standen sie leise auf, berührten mit ihrer Stirn seine Schulter zum Zeichen der Ergebenheit und gingen an ihre Arbeit. Ihnen allen aber war, als habe ihnen der Haiwanli aus seinem Wunderbrunnen einen Trunk frischen Wassers gereicht, ihren Seelendurst zu stillen.

Der Stab des Vaters

Wieder wie am Tage vorher war der Platz des Haiwanli vor dem Abendazan leer, und Hamdi geleitete den Blinden stolz durch Stambul. Mehmed Ali hatte das der kleinen Tochter gegebene Versprechen eingelöst und folgte dem eigenen Wunsch, denn das neue Erleben der Gemeinschaft mit Leila hatte ihn innerlich stark gepackt. Kaum betrat er jetzt sein Haus, fühlte seines Weibes ruhige Hand auf seinem Arm, als er schon hastig fragte: »Wie geht es ihr — was tat sie den Tag über?«

In der Antwort war deutlich das Lächeln der Narfilah zu erkennen, die ruhig sagte: »Es geht ihr besser, und wenn sie nicht gerade schlief, fragte sie, wie lange es noch bis zum Abendazan sei. Höre selbst, Herr!«

Mehmed Ali hörte zweierlei: von draußen her den Ruf des Muezzin, der zum Gebet rief, vom Inneren des Hauses her die hohe, junge Stimme, die lebhaft immer wieder diesen dem Blinden so neuen

und bedeutungsvollen Namen rief: »Pederim — o Pederim!«
Er lauschte dem Klang nach, und Narfilah mahnte leise: »So gib doch Antwort, Herr, sonst schreit sie uns das Dach über dem Kopf herunter, die kleine Ungeduld!«
Er nickte lächelnd, rief zurück: »Ich komme, meine Blume, ich komme! Lasse mir nur Zeit, die Schuhe abzulegen, denen der Staub der Straße anhaftet. Dann bin ich bei dir, nur ein wenig Geduld, ich bitte dich!«
Schon hatte sich Narfilah niedergebeugt, um, wie es üblich ist, dem Eheherrn die weichen im Hause zu tragenden Schuhe anzulegen. Sie war aus der Freudigkeit ihres Herzens heraus von tiefer innerer Heiterkeit, und während sie Mehmed die wie Handleder weichen Schuhe über die Füße zog, hatte sie tausenderlei vom Tun und Lassen der kleinen Tochter zu berichten. Für die geduldige Frau war eine neue Zeit angebrochen, eine des gemeinsamen Lebens und der Verbundenheit in den Dingen des Alltags, die das Eheleben ausmachen.
Sie geleitete dann den Eheherrn noch bis zum Baderaum, vor dessen Vorhang er lachend fragte, ob sie ihm vielleicht wie der kleinen Tochter auch noch Gesicht und Hände waschen wolle. In großer Ver-

wirrung entschuldigte sie sich und begab sich zu Leila, um deren Ungeduld zu beschwichtigen. Sie merkte, daß das Kind sich infolge der Erwartung schon wieder in eine Art Fieber hineinsteigerte, und atmete befreit auf, als Mehmed Ali endlich herbeikam.

Schnell beugte er sich über das Lager der Kleinen, fühlte die dünnen Ärmchen an seinem Halse und mußte sich beherrschen, um nicht wieder einer unmännlichen Rührung Raum zu geben. Im Innern gab er sich viele ungute Namen und war der Meinung, daß einer wie er, der so viele Jahre hindurch es nicht bemerkt oder auch nur daran gedacht hatte, wie, einer bescheidenen Blume gleich, neben ihm dieses Kindes Sehnen nach dem Vater erblühte — daß ein solcher das Recht nicht habe, anderen Ratschläge zu geben oder ihnen Deutungen der Absichten und Gedanken Allahs darzulegen. Und eben hierdurch, wenn er es auch nicht wußte noch erkannte, ward ihm ein Gedanke Allahs offenbart, nämlich jener der Demut.

Dieser Haiwanli, den sie Djan des Bedesten nannten, das ist dessen Seele, genoß vielerlei Bewunderung und lebte davon, ja, empfand sie als die Sonne, die er niemals erblickt hatte. Und so legte Allah mit sanfter Hand über all das Sonnenleuchten den

Schatten der Demut durch eines Kindes leichte Berührung. Würde sich Mehmed Ali dieses göttlichen Bemühens wert erweisen?
Fast hatte es den Anschein, denn schon gab er um der Kleinen willen diejenige Zeit im Bedesten auf, die bisher für ihn die beliebteste gewesen war, die nach dem Abendazan, wenn für die letzten Geschäftsstunden das Leben sich am lebhaftesten zeigte. Und er dachte sogar nicht mehr daran, als die Kinderarme sich um seinen Hals legten, zog vielmehr Leila wieder mit allen Decken vom Lager hoch, wie er es in der Nacht getan hatte, und ließ sich auf dem Eskemleh nieder, den Narfilah ihm sorgfältig herbeischob. Er drückte die zarte Kleine an sich, die ihm wieder das Erinnern an ein Lämmchen erweckte, und sagte, über ihren Kopf gebeugt:
»Meine kleine Blume, ich bin gekommen, um dir etwas zu bringen. Nein, es ist nichts, was man anfassen kann; es ist nur eine Geschichte, weißt du, eine von vielen Tieren und vom Walde. Das hast du doch alles gern, ja?«
Er spürte ihr eifriges Nicken, hörte aber auch das Rauschen von Narfilahs Gewändern, hob den Kopf, rief leise: »Narfilah?«
»Ja, Herr?« kam die fragende Antwort.

»Du gehst? Willst du mir nicht zuhören, nicht hierbleiben? Was du auch zu tun haben magst im Hause, könnte doch warten — oder nicht?«
Es dauerte eine kleine Weile, ehe Narfilah zur Antwort gab: »Du sagtest einmal, Herr, du könntest mir niemals etwas erzählen, denn es bedürfe für dich des Rauschens deines Brunnens, um es zu vermögen.«
Da war er wieder, der feine Stich mitten ins Herz, um so fühlbarer, als die Hand, die ihn gab, niemals wissend verletzt haben würde. Wie häßlich war doch sein Bild, das ihm aus Geist und Herz jener zwei Menschen aufstieg, die die Seinen waren, Weib und Kind!
Demut hieß auch diese Mahnung, und jetzt verstand er sie. Er sagte ganz leise vor tiefer Scham: »Vergib mir, Narfilah! Ich wußte nicht, was ich sagte. Aber sei gewiß, jetzt, da ihr beide mir zuhört, rauscht mir auch ein Brunnen, ein anderer, niemals versiegender — Inschallah! Setze dich nahe zu mir am Boden, daß ich deine Nähe fühle, Narfilah, mein Weib!«
Sie tat es, und als sie sich niederließ neben ihm, berührte sie leicht sein Knie, eine scheue Liebkosung und ein Dank. Er konnte nicht sehen, wie ihr ruhiges Gesicht leuchtete in Freude, aber die kleine Leila

sah es, und plötzlich jauchzte sie auf, richtete sich hoch, griff nach den Köpfen von Mutter und Vater, führte sie mit ihrer weichen kleinen Hand zusammen und sagte leise, ganz aus dem Herzen sprechend:

»Ich höre den Brunnen rauschen, wenn die Mutter lächelt und der Vater bei uns ist. Wie schön! Wie schön er rauscht! Hört ihr es?« Und sie hielt wie lauschend die Hand hoch, dieses Kind des großen Erzählers, des Haiwanli. Der nickte, schloß sie wieder an sich, legte die andere Hand auf seines Weibes Kopf und begann diese Geschichte zu erzählen, die er liebte, weil sie von Tieren, nur von Tieren berichtete:

»Da war ein Knabe, der seine Mutter nicht gekannt hatte, denn sie starb, als er noch ganz klein war. Der Knabe lebte mit seinem Vater zusammen, und sie liebten sich sehr. Keine Stunde seines jungen Lebens war dieser kleine Yussuf noch von seinem Vater getrennt gewesen, der ihn überallhin mit sich zu nehmen pflegte, wohin er auch immer gehen mochte. Zuerst hatte er ihn auf dem Rücken getragen, dann, als der Kleine gehen lernte, auf der Schulter, damit er immer wieder ausruhe, und endlich schritt dann Yussuf stolz an der Hand des Vaters dahin.

Das geschah viele Jahre lang so, und wenn der kleine Yussuf zur Medresseh ging, wo er die Weisheiten und Schönheiten des Qurans erlernen durfte, dann brachte der Vater ihn dorthin, wo der Hodja wartete, und nahm den Sohn aus des Lehrers Händen wieder in Empfang.

Lange blieb es so, doch dann kam ein Tag, der war in allem anders als alle, die der Knabe bisher erlebt hatte. Es war an diesem Tage nach dem Abendazan, als unversehens ein Derwisch vor der Tür des niederen Hauses sichtbar wurde, wartend dort stand, bis ihn der Vater willkommen hieß und ihn ehrfürchtig in das Haus geleitete. Der Vater wies Yussuf an, dem Derwisch die Füße zu waschen, wie es sich gebührt, und erst viel später erinnerte sich der Knabe daran, welch geringe Freudigkeit in des Vaters Wesen gelegen habe, anders, als es sonst seine Art war.

Es versteht sich, daß Yussuf, nachdem er seine Handlung der Demut beendet hatte, den Vater mit dem Gast allein ließ. So konnte er nichts von dem hören, was gesprochen wurde. Der Vater fragte leise: ›Ist die Stunde da, Ehrwürdiger?‹ Der Derwisch antwortete: ›Sie ist es.‹

›Was geschieht mit meinem Sohne, Ehrwürdiger?‹

Der Derwisch sagte: ›Es wird sich erweisen, ob er

in Wahrheit dein Sohn ist, Erbe deines Geistes und Seins. Ist er es, werdet ihr vereinigt sein, ehe ihr euch noch der Trennung bewußt wurdet. Ist er es nicht, so hast du nichts verloren, und ihm ist recht geschehen. Bist du bereit, mir zu folgen, mein Bruder?‹

Erschrocken fragte der Mann: ›Jetzt gleich muß es sein? Noch bevor es Nacht wird? Und in der Morgenfrühe, wenn Yussuf erwacht und den Vater nicht vorfindet, was ist dann? Wie wird er es ertragen?‹

Der Derwisch sah diesen Mann sinnend an, von dem er wußte, welche Aufgabe er zu erfüllen hatte und wie er dennoch an dem hing, was die Liebe zu einem einzelnen Menschen genannt wird. Er begriff nun erst ganz, wieviel Hilfe ihm selbst zuteil geworden war dadurch, daß irdische Liebe ihm nicht anhaftete. Dann sagte er eindringlich, voll von Mitleid für die Schwäche des Mannes oder doch für das, was er dafür hielt: ›Ich werde beim Dämmern des Morgens hier sein und deinem Sohn von dir Botschaft bringen, dessen sei gewiß. Du gehorche dem Befehl, der vor langen Zeiten an dich erging, und folge mir, ich befehle es im Namen jener Kraft, der du dienst. Komm!‹

Der Vater des Yussuf, dieser Mann mit Namen Achmed, sagte nichts mehr. Er holte aus dem Behältnis, darin seine Kleidungsstücke aufbewahrt wurden, seinen schweren, dunklen Burnus aus Kamelwolle hervor, die Schuhe für den weiten Weg und den Stab, den er immer zu führen pflegte, auch wenn er nur zum Nachbarn über die Straße ging. Er strich mit der Hand wie liebkosend über des Stabes Griff, denn oft hatte sich Yussuf daran geklammert, und es war ihm, als berühre er den Sohn, da er so tat. Dann sagte er ernst und gesammelt: ›Ich bin bereit. Gehen wir!‹

Der Derwisch neigte den Kopf, und sie schritten in die sich senkenden Schatten der Nacht hinaus. Wohin gingen sie, diese zwei, deren einer einem geheimnisvollen Befehl zu folgen schien, der andere im Namen irgendeiner Macht ihn führte? Noch weiß man es nicht, doch werden sich bald alle Geheimnisse lösen.

Tief schlief Yussuf in dieser Nacht, tiefer als sonst wohl, und erwachte später. Er fühlte sich wohl und zufrieden, dehnte sich auf seinem Lager, sprang auf und ging in das Hamam hinüber, wo er zu seinem Stolze seit einiger Zeit ganz allein fertig wurde, kleidete sich an und lief eilenden Fußes dorthin, wo sein Vater zu sitzen pflegte. Er war nicht dort. Das beunruhigte Yussuf zunächst nicht, denn er nahm an, der Vater hole vielleicht frisches Brot,

wie er das oftmals zu tun pflegte, oder es sei gerade eine Ziegenherde des Weges gekommen, von deren Milch der Hirte abgebe und der Vater heimbringe.
So ließ sich Yussuf nieder, um zu warten. Irgendwelche Unruhe verspürte er noch nicht, denn so sicher, wie die Sonne täglich aufging und es sinnlos war, zu glauben, sie stehe nicht am Himmel, auch wenn sich eine Wolke davorschob, so sicher würde auch der Vater immer bei ihm sein. Und da — er hatte es doch gewußt! — erklang schon des Vaters Schritt! Oder doch nicht? Klang das Schreiten nicht anders als das des Vaters?
Kaum hatte Yussuf Zeit, sich darüber zu beunruhigen, da stand vor ihm der Derwisch, dem er am Abend vorher ehrfurchtsvoll die wandermüden Füße gekühlt und gewaschen hatte. Ehe der Knabe etwas fragen konnte, sagte der Derwisch: ›Yussuf, siehe hier deines Vaters Stab! Du kennst ihn doch?‹
Yussuf nahm den Stab aus des Derwisch Hand und sagte leise: ›Wie sollte ich ihn nicht kennen, da ich ihn Tag für Tag meines Lebens sah?‹
Er streckte die Hand aus, und der Derwisch gab ihm den Stab. Kaum aber hatte Yussuf ihn erfaßt, als ihm war, er schmiege sich seltsam warm in seine Hand. War es nicht fast, als berühre ihn des Vaters warmes Halten?

Der Knabe fragte verwirrt den Derwisch: ›Wo ist der Vater? Warum hat er seinen Stab nicht bei sich? Er trug ihn immer. Geschah ihm etwas? Um der Barmherzigkeit Allahs willen, sage mir, was es bedeutet, ich flehe dich an, Derwisch Baba!‹

Der Derwisch sagte kaum hörbar: ›Gehe ihn suchen, deinen Vater. Der Stab wird dich leiten – Allaha ismagladih . . .‹ Und er war wie ein Schatten, dann auch schon nicht mehr sichtbar.

Yussuf blieb ratlos stehen. Da zuckte der Stab in seiner Hand, als wolle er ihn mahnen, und ohne sich weiter zu besinnen, legte Yussuf seine festen Schuhe an und schritt davon. Seltsam war das, denn sonst ist ein Stab dafür da, daß man sich auf ihn stütze, nicht aber, daß er der Führende sei – doch hier war es so.

Yussuf, der nichts wußte von allem, das rings um ihr kleines Haus gelegen war, nicht einmal ahnte, welch großer Wald sich in naher Umgebung befand, fand sich plötzlich im Schatten mächtiger Bäume und wußte nur, daß der Stab in seiner Hand immer gezuckt hatte, wenn es galt, eine Wegkreuzung zu beschreiten. Nicht er führte den Stab, nein, des Vaters Stab führte ihn mit der Wärme von des Vaters Hand.

Nichts hatte Yussuf bisher genossen, und er begann müde, hungrig und durstig zu werden. Plötzlich aber setzte sich ein Vogel auf den Griff des Stabes, dann noch einer und wieder einer. Die Vögel begannen freudig zu singen, und beim Anhören ihrer Lieder vergaß der Knabe Hunger und Durst. Er hatte sich bisher nie mit Vögeln abgegeben, weil es deren so viele in der Nähe des väterlichen Hauses nicht gab, aber jetzt erschienen sie ihm als Freunde, die zu seiner Freude und Zerstreuung herbeigeflogen waren. Sie ließen sich auch von ihm über das leuchtende Gefieder streichen, aber dann fühlte er sich plötzlich so müde von dem weiten Wege, den er zurückgelegt hatte, daß er auf den weichen Waldboden niedersank, sich ausstreckte, ein Gebet sprach und dann seufzte: ›O Vater, geliebter Vater, wie bin ich so hungrig und müde und durstig!‹
In dem bisherigen Leben des jungen Yussuf hatte es noch keine Sorge oder Bedrängnis gegeben, die der Vater nicht zu beheben vermochte, deshalb galt auch dieser Seufzer ihm, und es schien auch gleich, als sei er vernommen worden. Denn nun nahte ein seltsamer Vogelflug vieler gemeinsam, und in ihrer Mitte ward ein dunkler Gegenstand sichtbar. Die Vögel näherten sich dem Knaben, ließen sich neben ihm nieder, und der dunkle Gegenstand wurde vor-

sichtig zu Boden gelassen. Was aber war es? Es war die Bettelschale des Derwisch, köstlich angefüllt mit Milch und Brot, und ein Labsal allein, sie zu betrachten.

Aber die Betrachtung währte nicht lange. Schon hatte sich Yussuf darübergemacht, hob die schön geschnitzte Schale an die Lippen und erquickte sich. Neue Kraft rann ihm durch die Glieder, als er heftig erschrak, denn vor ihm stand urplötzlich ein riesenhaftes Tier, das ihm erschrecklich erschien, das aber offenbar sehr friedliche Absichten hatte. Der Knabe wußte nicht, daß es ein Bär war, das schien aber auch gleichgültig, denn der Bär neigte sich nieder, beugte die Vorderfüße, und Yussuf vermeinte, er lade ihn ein, sich auf seinen Hals zu setzen. Mit einem lachenden Ruf tat es der kleine Knabe und schmiegte sich dann wohlig in das dicke, weiche Fell, ließ sich tragen und hielt den Stab des Vaters fest an sich gedrückt.

Es war ein wundervoller Ritt, denn um den Knaben und den Bären schwirrten singend die Vögel — Freude war es, reine Freude!

Nach kurzer Zeit mischte sich aber auch etwas Furcht mit hinein, denn von allen Seiten kamen die seltsamsten Tiere herbei. Sie waren Yussuf alle unbekannt, und nur das stete Singen der Vögel um ihn und des Vaters Stab bewahrten ihn vor wirklicher Angst. Als ein großes gelbes Tier durch die Bäume hindurch ihn mit Augen anschaute, die im Dämmergrün leuchteten, stieß er einen Ruf aus, rief: ›Vater, geliebter Vater, hilf mir!‹

Da wurde eine Stimme hörbar, und der Knabe erkannte sie als die des Derwisch, der aber nirgends zu sehen war. Die Stimme sagte: ›Fürchte dich nicht, Yussuf, kein Tier tut dir etwas zuleide, solange du des Vaters Stab bei dir hast. Reite weiter, das Tier, darauf du sitzest, bringt dich sicher zu deinem Ziel.‹

Der Knabe wollte antworten, daß es nur ein Ziel für ihn gäbe, des Vaters Nähe, aber da rauschten die Bäume auf, als solle es einen Sturm geben, und so ward nicht hörbar, was er sagte. Doch war ihm alle Furcht vergangen, und er begann nun, dort auf des Bären Hals hockend, den Stab fest in sein Gewand gesteckt, mit den Vögeln zu spielen, die ihn umschwebten und umsangen. War es ihm nicht, als verstehe er manchmal, was sie sangen? Hörte er nicht ihre Stimmen zwitschern: ›Bald, bald bist du bei deinem Vater!‹ Oder war es nur die Stimme seines sehnsüchtigen Herzens, die er vernahm?

Wie dem auch sei, der Abend sank, und Yussuf war so müde, daß er, vornübergebeugt in das Fell des Bären eingeschmiegt, fest einschlief. Er merkte es nicht, daß die Vögel sich auch alle irgendwo auf dem Rücken des großen Tieres niederließen, ja auch auf seinem Haar und seinen Händen saßen und gleich ihm schlafend davongetragen wurden.

So verging die Nacht, und der Knabe wußte auch nicht, daß der ganze Wald und seine Tiere in Aufregung waren, weil er, ein kleiner Knabe, auf einem Bären reitend, von Vögeln umgeben, durch die Schatten der Bäume daherzog.

Es wurde Tag, langsamer hier im Waldesdämmern als in der Ebene, und Yussuf erwachte davon, daß der Bär stillstand. Plötzlich beruhigte ihn das wiegende Schreiten nicht mehr, und ebenso plötzlich erhob sich ein Singen, ein Zwitschern, daß anderes als Wachwerden unmöglich schien. Zugleich auch wurde das Rauschen einer Quelle hörbar, und gleich verspürte der Knabe Durst und auch das Verlangen, sich in dem frischen Wasser zu säubern, es über seinen ganzen Körper rinnen zu lassen. So glitt er denn von des Bären Rücken, legte seinen Kopf an dessen Flanke, murmelte leise: ›Wer und was du auch seist, ich danke dir‹, und glaubte, ein leises Brummen als Antwort zu hören. Dann warf er seine Kleider ab und stieg in das Bett der Quelle, das sie sich zwischen allerlei Farnen und sonstigem Grün gemacht hatte.

Er ließ das Wasser, das köstlich kühl war, über seine Glieder rinnen, beugte sich nieder, um sich Erquickung zu trinken, spürte dann etwas, das ihn hinabzog, suchte sich zu wehren, wußte aber bald nichts mehr von sich.

Als er wieder zu sich kam, befand er sich in einer grünlichen Dämmerung und sah allerlei Getier um sich herum, das den feuchten Boden, auf dem er lag, bedeckte. Er schaute hinauf und sah ein hohes Gewölbe, das ihm wie von unzähligen Moscheelampen erleuchtet zu sein schien, so glänzte es in grünlichem Licht.

›Vielleicht‹, so dachte sich Yussuf, ›ist dieses eine besondere Art von Moschee. Wer kann es wissen? So werde ich ihr Ehrfurcht erweisen.‹ Und wie er es vom Mollah gelernt hatte, beugte er sich nieder, erhob sich wieder, tat alle vorgeschriebenen Ehrfurchtsbezeugungen und hauchte dabei die gebotenen Worte.

Als er sich zum letztenmal zur Erde neigte, bemerkte er, wie alle jene kleinen, grünlichen Tiere, die vorher um ihn gekrochen waren, sich nahe zu ihm begeben hatten, um ihn herum saßen, als wollten sie etwas von ihm. Er nahm eines von ihnen hoch, das eine winzige Schlange zu sein schien, aber zugleich an sich etwas hatte, das Flügeln ähnlich war, und er strich sanft über die glatte, leuchtende Haut des Tieres, das sich willig in seine Hand schmiegte. Da erschrak der Knabe sehr, denn diese Haut löste sich unter seiner Berührung, und die unter ihr gefangen gewesenen Flügel hoben sich, das kleine Tier stieß etwas wie einen hohen Ruf aus und flog um des Knaben Kopf, so weiter rufend.

Nun kamen sie alle, die da vorhanden waren, herbei, krochen Yussuf auf den nackten Körper, so daß er ein wenig schauderte von ihrer kühlen Berührung, und drängten sich an ihn. Er begriff, daß sie alle den gleichen Dienst von ihm erbaten, und so tat er, was sie forderten, strich ihnen die beengende Haut ab und befreite ihre Flügel, daß sie sich schwebend um ihn bewegten.

Er aber war zutiefst beunruhigt, denn wo war der Stab des Vaters? Er hatte ihn auf den Quellenrand niedergelegt und fand ihn nun nicht mehr neben sich. Laut rief er: ›Vater, wo ist dein Stab?‹

Da geschah es, daß eine Woge in die Höhle einbrach, und auf ihrer Strömung trieb des Vaters Stab herein. Alle die neu beflügelten kleinen Wesen, denen des Knaben helfende Hand die Flügel gelöst hatte, erhoben sich schwebend und flogen über dem Stock hin und wider. Yussuf sprang hoch, versuchte den Stab zu packen, doch der schwamm

immer auf der grünlichen Woge dahin, trieb weiter und weiter fort.
Was blieb dem Knaben übrig, als dem Stab nachzufolgen? Es wurde ihm um so klarer, daß er das zu tun hatte, als die Neubeflügelten alle zwischen ihm und dem Stock herflogen, der einem nun sichtbar werdenden weiteren Höhlenteil zutrieb. ›Ha‹, dachte sich der Knabe, ›besser, ich lege mich auf die Woge und lasse mich auch treiben. Denn wohin des Vaters Stab zielt, da ist mein Weg.‹ Und er tat, wie er es sich erdacht hatte.
Sie trieben durch enge Gänge, gelangten zu neuen Höhlen, trieben auch durch diese hindurch, und immer schwebten die seltsamen kleinen grünen Tiere über dem Stab. Endlich dann — ach endlich! — trieb die Welle nicht mehr weiter, sondern richtete sich wie eine Wand auf und versperrte den Weg, den sie gekommen war.
Yussuf erhob sich aufatmend, denn sein Mund war voll vom Sprühen des Wassers, aber dann erschrak er tödlich, denn er sah sich nackend, wie ihn Allah geschaffen, vor einer Versammlung von edlen Männern, die feierlich still auf einer großen Steinbank saßen in dieser einem Saal gleichen hohen Höhle, die von tausend Lichtern zu strahlen schien. Einer der Männer, der in leuchtender Gewandung

hoch über allen thronte, warf einen leichten, grünlichen Stoff in die Luft, und gedankenschnell packten ihn die vielen kleinen geflügelten Wesen, warfen ihn über Yussuf, den sogleich eine köstliche Wärme durchströmte. Er bückte sich nach des Vaters Stab, der ihm unmittelbar zu Füßen lag, trat so nahe wie möglich an die schweigend thronenden Männer heran, verneigte sich ehrerbietig und sagte leise: ›Erhabene Herren, Euer Diener wartet Eurer Befehle.‹

Dann stand er ruhig dort, harrte dessen, was kommen sollte, und fürchtete sich nicht, denn des Vaters Stab lag warm und schmiegsam in seiner Hand. Nach einer kleinen Weile erhob sich jener, der über ihnen allen gethront hatte, und sagte gütig: ›Yussuf, du hast unsere Zufriedenheit erworben, und es gilt nunmehr, uns einige Fragen zu beantworten, dann wirst du zu deinem Vater zurückkehren können. Sage also zuerst: Was ist dir das Erstrebenswerteste?‹

Ohne eines Augenblickes Zögern kam die Antwort: ›Meinen Vater zufriedenzustellen.‹

Die Männer lächelten, und der Höchste der Ihren fragte wieder: ›Womit aber glaubst du ihn zufriedenzustellen, womit ihm am meisten Ehre zu erweisen?‹

Wieder kam die Antwort sicher und ganz ruhig: ›Mit Liebe zu ihm, Ehrfurcht vor Allah und Liebe zu allem Getier, o Herr. Das hat er mich immer gelehrt.‹

Die Männer neigten sich wieder zueinander, sahen den Knaben freundlich an, aber der Thronende war noch nicht zufrieden, so schien es. Er stellte diese letzte Frage: ›Und wenn du ein Mann geworden bist, Yussuf, was wirst du dann anstreben? Welches wird dein Ehrgeiz sein, Knabe?‹

Yussuf sah etwas erstaunt aus, so als frage ihn jemand eine Torheit, sagte ruhig: ›So zu werden, wie er ist‹, blickte zu Boden und schwieg.

Jetzt aber entstand Unruhe unter den Männern und sie begaben sich zu dem Thronenden, dem sie ihre Meinung kundzugeben schienen. Der neigte endlich zustimmend den Kopf und klatschte dann in die Hände.

Ein Vorhang, schwer von Gold, hob sich, und der Derwisch stand im Raum, verneigte sich schweigend und tief mit über der Brust gekreuzten Händen. Der Thronende machte eine gebieterische Bewegung, die der Derwisch zu verstehen schien, und ehe Yussuf zu ihm eilen konnte, nach dem Vater zu fragen, war er schon wieder verschwunden.

Jetzt wurde der Vorhang erneut gehoben, und hervor trat, unsicher schwankenden Schrittes, der Vater. Mit einem Schrei stürzte sich Yussuf auf ihn, umfing ihn, tastete an ihm entlang, rief, schrie: ›Vater, geliebter Vater, sieh mich doch an! Warum siehst du mich denn nicht an, Vater?‹

Da trat der Derwisch hinter dem Vater hervor, legte Yussuf die Hand auf den Kopf und sagte: ›Dein Vater kann dich nicht sehen, Knabe, weil er das Augenlicht verlor. Nein, schreie nicht und weine nicht! Es sind viele lange Zeiten her, ehe er geboren wurde, da gab ihm ein Djin langes und glückhaftes Leben, verhieß ihm einen Sohn, der ihm doppeltes Leben sein werde. Doch im siebenten Jahre dieses Sohnes müsse entweder der Knabe sterben oder der Vater das Augenlicht verlieren. So kam dein Vater mit mir und gab dir ein langes, glückhaftes Leben, verlor aber sein Augenlicht. Verstehst du mich, Knabe?‹

Yussuf stand vor seinem Vater, der den Kopf des geliebten Knaben betastete, sah ihn an, sah auf die so vertrauten Hände, sagte dann ruhig, sprechend wie ein Mann, nicht wie ein Knabe: ›Ich habe verstanden, Derwisch Baba. Doch du, der du kein Mensch bist wie andere, da du dich in Schatten aufzulösen vermagst — wenn es dir genehm ist, so gehe du und sage diesem Djin, dem es an Augenlicht gelegen ist: Er kann meines haben, ich schenke es ihm! Was soll ich mit Augenlicht, wenn der Vater keines mehr hat? Er wird mir Augenlicht sein, und ich werde glücklich sein, nur glücklich, wenn er sehen kann, wie schön die Welt ist. Auch behalte ich das Bild des Waldes hinter meinen dunkelnden Augen, höre die Vögel singen, die Quelle rauschen, fühle den Bären, der mich trug. Worauf wartet Ihr noch? Beginnt mit Eurer Arbeit! Nehmt mir die Augen: da sind sie!‹

Und Yussuf hob den Kopf, als biete er seine Augen dar, was er auch in Wahrheit tat, stand ruhig wartend da. Jetzt aber begab sich allerlei. Zuerst fühlte er die Arme des Vaters um sich, der mit erstickter Stimme sagte, die Worte nur mit Mühe hervorbringend: ›Sie haben nur einen Schatten vor meine Blicke gelegt, nichts als einen Schatten. Mein Kind, mein geliebtes Kind, niemand wird dir deine strahlenden Augen nehmen, niemand!‹

Da sagte eine andere Stimme, die des Thronenden, und auch er stand jetzt vor Yussuf, beugte sich herab, strich ihm über die Ohren und die Augen, sagte ernst und auch froh: ›Nein, niemand nimmt dir das Licht der Augen, aber ich gab dir soeben die Fähigkeit, die Stimmen der Tiere zu verstehen, da du reinen Herzens bist und von großer Geduld und Güte. Hast du nicht eben erst diesen kleinen Schlangenwesen, die alle sieben Jahre einmal geflügelt sein dürfen, zu ihrer Befreiung verholfen? Höre nun, was sie dir sagen! Lausche!‹

Und der Knabe hörte, daß sie ihm zuraunten, während sie ihn umschwirrten: ›Dank sei dir, Kind des Lichtes! Wir vergessen es dir niemals, niemals!‹

Yussuf sah sich ratlos um, warf sich dann in die Arme seines Vaters, der ihn nun wie immer anblickte, und schluchzte, nun ganz ein geängstigtes Kind: ›O Vater, Vater, was ist nur dieses alles?‹

Aber wieder ward ihm von anderer Stimme Antwort, und der Derwisch sprach: ›Es ist so, Knabe, daß diese Männer hier bestellt sind von Allah, zu suchen nach der Güte und der Kraft der Liebe bei den Menschen. Sie tun es auf ihre Art, im Dunkel der Erde und über der Erde auch, wo immer das Wesen der Menschen sich ihnen zu zeigen vermag. Hier nun, Knabe, lag ihnen daran, den Spruch des Djin, der deinem Vater ward, zunichte zu machen, und das konnte nur geschehen, wenn eine große Liebe sich bereit fand, für ihn zu leiden. Sie aber, die Lichtgeister sind, konnten dir eine Gabe schenken, die dir immer alles offenbaren wird, was die Tiere unter den Himmeln und die auf der Erde an

Botschaften wissen von Allah. Deshalb also und weil du zu allem bereit warst für deinen Vater, geschah dieses ihm und dir.‹

Während der Derwisch gesprochen hatte, begab es sich wieder wie schon einmal, daß er sich in Schatten aufzulösen schien, je länger er sprach, und dann war auch die Höhle nur noch ein Schattengebilde, sank fort um sie beide, die sich noch umschlungen hielten, und plötzlich standen sie im Walde, am Rand jener Quelle, in der Yussuf gebadet hatte, und da lagen nicht nur seine Kleider, sondern da war auch genau an der Stelle, wo er ihn vorher hinlegte, der Stab des Vaters.

Der Knabe beugte sich nieder, kleidete sich eilig an, hob den Stab auf, reichte ihn dem Vater, sagte ruhig: ›Gehen wir jetzt, Vater? Aber ich verstehe nicht, warum es so vieler Männer und solcher Fragen bedarf, um zu wissen, daß Vater und Sohn sich liebhaben — verstehst du das?‹

Da aber war der Augenblick gekommen, der Yussuf lehren sollte, was es bedeutet, die Sprache der Tiere zu verstehen. Denn dort, wo er ihn verlassen hatte, stand noch der Bär, was deshalb nicht verwunderlich ist, weil der Knabe mit Geistwesen beisammen gewesen war und in deren Gegenwart die Zeit nicht vorhanden ist, also für den Bären vielleicht nur die

Spanne eines Gähnens vergangen war. Aber er sagte jetzt, Yussuf deutlich verständlich, wenn es dem Vater auch nur wie ein Brummen klang: ›Das ist wohl zu wissen wert, denn viele Menschen reden von Liebe und wissen nichts davon, was man daran sieht, wie sie uns behandeln. Ist es nicht so, ihr da oben auf meinem Rücken?‹

Und da waren die Vögel noch, die Yussuf während der Nacht Gesellschaft geleistet hatten. Sie umflogen ihn und hatten ihm so vieles, o so vieles von der Menschen Bosheit zu berichten, daß der Knabe sich erschrocken die Ohren zuhielt. Der Vater beobachtete ihn und wurde zornig über die Gabe, die seinem Sohne zuteil geworden war. Wie sollte der Knabe jemals von Herzen froh werden können, wenn er um alles Leid der Tiere wußte? Doch da erinnerte der Mann sich an das Wort von der Botschaft Allahs, und er beugte sich dem Willen des Allbarmherzigen, der ihnen das geheimnisreiche Geschehen bescherte, damit sie voneinander und ihrer großen Liebe wüßten: Vater und Sohn, Gefährten, Freunde, Vertraute . . .

Gab es schönere, tiefere, stärkere Menschengemeinschaft auf dieser Welt Allahs, der die Tiere sich zu Freunden schuf und hie und da einen Menschen beruft, sie schützen zu helfen? Elhamdüllülah . . .«

Schweigen herrschte, vollkommenes Schweigen. In dieser Stille hatte Narfilah die Hand, die zuerst auf ihrem Kopf geruht hatte, ergriffen, sie an Mund und Stirn geführt, wie man es zu tun pflegt, um die letzte Ergebenheit auszudrücken. Ein kleines Lächeln auf ihres Mannes Zügen hatte ihr gedankt, aber noch wartete er, und auch sie tat es. Endlich kam das, was sie erhofften. Die Kinderstimme sagte leise: »Warst du der Yussuf, o Pederim? Und ist es, weil du die Stimmen der Tiere verstehst, daß du von ihnen berichtest, du, den sie den Haiwanli nennen? Und sie sagen dir all ihren Kummer, die Tiere, damit du es den Menschen wiedersagst, ja?«

Mehmed Ali überlegte eine Weile, was er seiner kleinen Tochter antworten sollte, denn ihm war, als hinge für sie viel ab von dem, was er erwidern werde auf ihre Frage. Er wußte nicht, wie erwartungsvoll Narfilah zu ihm aufsah, denn auch sie glaubte, daß es bedeutsam sein würde für Leila, was ihr Vater sagen werde. Und nun kam es, nun sagte der Haiwanli:

»Wer weiß, meine kleine Blume, wer er ist? Allah hat jenem wohl viele Gesichter gegeben, den er erwählt, um von dem Leid der Tiere zu sprechen und auch von ihrer Freude. Möglich, daß ich dieser Yussuf einmal war — denn all dieses liegt lange, lange

zurück; möglich auch, daß ich nur der Haiwanli bin, weil ich die Tiere liebe. Du, meine Blume, denke nur daran, daß es um Liebe ging, in allem, was diese Geschichte erzählte, um Liebe von Vater und Kind. Bist du auch kein Knabe, meine Blume, so wirst du doch geliebt von deinem Vater, dem Haiwanli. Hast du verstanden, Leila?«
Sie, die er in seinen Armen hielt, nickte, sagte leise: »Ich habe auch einen Stab des Vaters, Pederim sewgülüm.«
Und dann schwiegen diese drei wieder in tiefer Einheit.

Pferd und Kamel

Am Tage danach, als Mehmed Ali an seinen Platz am Brunnen kam, wartete dort schon der syrische Sehis, der Pferdediener. Er entriß alsogleich dem Knaben Hamdi das Strohkissen, legte es bereit, half dem Haiwanli sorgfältig auf seinen Sitz und strömte seinen starken Pferdegeruch über ihn hin. Mehmed Ali lachte leise, sagte heiter:

»Da bist du ja wieder, mein Freund von den Pferden! Und was hast du mir heute zu berichten? Wieder etwas, das dich erschreckte? Sage mir auch, wie kann es geschehen, daß du, der ein Pferdediener des Inglis ist, so viel Zeit für dich hast, schon wieder hier bei mir zu sein?«

Der Syrer gab eifrig Auskunft, erzählte, daß der Inglis am Abend vorher nach seinem Memleket abgereist sei und er nur die Pferde zu versorgen, sie zu pflegen und zu bewegen habe, bis der Efendi zurückkehre. »Ich kam hierher zu dir, o Haiwanli, um deinen Rat zu erbitten der Sache wegen, davon ich dir schon sprach: Soll ich oder soll ich nicht, wenn die Zeit des Inglis hier abgelaufen ist, mit ihm in sein Memleket reisen? Er zahlt gut, der Inglis.«

Mehmed Ali hatte sich eine Zigarette angezündet, während der Syrer sprach, tat jetzt gedankenvoll einige Züge und sagte dann: »Berichte mir zuerst, o Sehis, ob dieser dein Inglis die Pferde in der gleichen Art behandelt und reitet, wie du es immer gewohnt warst zu tun.«

Eifrig, in seiner hastigen Art, gab der Syrer Antwort: »Das tut er nicht, o Haiwanli. Ich sagte schon, er ist ein guter Reiter nach seiner Art, aber er spricht nicht zu dem Pferde, wie wir es tun. Alles macht er mit dem Zügel und dem Sitz, ja — dennoch ist und bleibt er des Pferdes Herr, nicht aber sein vertrauter Freund, wie das bei uns üblich ist. Ich war eine Zeitlang bei einem Pascha in Anadolu Sehis und ritt seine Pferde. Aman, Haiwanli, wie gute Freunde waren wir, diese Pferde und ich! Eines gab es, mit Namen Taseh, das war klüger als ein Mensch. Wir sind oftmals viele Tage lang geritten, denn der Besitz des Pascha war ausgedehnt über weite Strecken hin, und es galt, seinen Hirten Botschaften zu bringen. War ich müde vom langen Reiten, so sagte ich zu Taseh, indem ich ihm den Zügel auf den Hals legte: ›Achte auf, mein guter Freund, ich werde jetzt schlafen!‹ Dann wandte er seinen schönen Kopf zurück, und ich wußte, er hatte mich verstanden. Ergab sich dann irgend etwas, eine Wegstrecke oder ein besonders geartetes Hindernis, das er nicht kannte oder zu überwinden verstand, dann stieß er mit dem Kopf an meine Fußspitze, was bedeutete: ›Wach auf, ich weiß nicht weiter!‹ Alles verstand er — alles!«

In seine Erinnerung versunken, schwieg der Syrer, der Haiwanli aber sagte halblaut: »Merkst du nicht, o Sehis, daß du dir bereits selbst Antwort gegeben hast auf deine Frage? Denn wie könnte ein Mann wie du, erhalte er auch noch soviel Geld, sich wohlfühlen in einem Lande, wo man nicht zu den Pferden spricht, sondern sie nur reitet? Bedenke: Ein Mensch, dem die Pferde Freunde sind, kann es nicht ertragen, zu sehen, wie sie zu Dienern gemacht werden, geschehe es auch noch so freundlich! Verstehst du mich wohl, Sehis?«

Der schwerfällige Syrer nickte mit dem Kopf, was Mehmed Ali zwar nicht sah, aber spürte. Er wartete ein Weilchen, und als nichts erfolgte, sagte er:

»Außerdem weiß ich, denn es wurde mir mehrfach berichtet, daß die Heimat des Inglis kaum die Sonne kennt. Es gibt dort viel, sehr viel Regen, auch senken sich dunkle Wolken über das ganze Land —

wie könnte es ein Sohn unseres Memleket dort aushalten, werde ihm auch noch so viel Geld gezahlt?«

Wieder eine Weile Schweigen, dann sagte der Syrer, recht müde und ergeben sprechend: »Du hast recht, o Haiwanli, ich werde hierbleiben. Aber sage mir: Was ist einem Manne beschieden, der nichts ist als ein Sehis, als der Diener großer Herrn? Ich weiß, ich sollte zufrieden sein, daß ich ein Freier bin und nicht wie in früherer Zeit, als es noch den Padischah gab, ein Sklave meines Pferdes, verurteilt, mit ihm zu sterben, so ihm etwas geschähe — aber sage mir: Was bleibt mir, o Haiwanli?«

Mehmed Ali drückte seine Zigarette aus, die für ihn ohnehin nie viel bedeutete, da man im Dunklen sie nicht zu schmecken vermag, und sagte sehr ernsthaft: »Was dir bleibt, o Sehis? Dir ist es beschieden, wenn auch nicht der Sklave, so doch der ergebene Diener des edelsten Geschöpfes zu sein, das jemals aus Allahs Hand hervorging! Weißt du das nicht? So du noch Zeit hast, will ich dir erzählen von dem Wesen, dem zu dienen du beehrt bist, vom Pferde Arabistans und wie es wurde. Magst du mich anhören, Sehis?«

Eifrig kam die schnelle Antwort: »Sprich, o sprich, Haiwanli!«

Und Mehmed Ali sprach, erzählte halblaut raunend: »Bevor es Menschen gab, lebte in der Wüste ein sehr einsames, sehr stolzes und sehr eingebildetes Pferd. Es war ein durchaus unzufriedenes Tier, wie es alle Wesen sind, die sich etwas Besonderes dünken, und fand, es habe ein Recht, sich bei Allah zu beschweren über das, was ihm nicht gefiel. Allah, das wußte das Pferd, wie es allen Tieren bekannt ist, war stets bereit, auf die Klagen seiner Geschöpfe zu hören, und als das Pferd wieder und wieder seine Unzufriedenheit laut werden ließ, befahl Allah der Wolke, die er immer zu solchen Botendiensten verwendete, das Pferd zu ihm heraufzuholen, damit er endlich wisse, welchen Grund das Tier zu seinen steten Klagen habe. Das stolze Pferd sträubte sich zuerst heftig, von der Wolke emporgehoben zu werden, da es in seiner Eitelkeit annahm, daß es jede Art der Fortbewegung allein und selbst ausführen könne und niemals irgendwelcher Hilfe dabei bedürfe. Was aber gelten solche eitlen Gedanken seiner Geschöpfe vor Allahs Befehl? Auch dieses törichte Wesen mußte gehorchen und wurde im hüllenden Wolkennebel hochgetragen.
Als es dann vor Allah kam, versuchte es seine Mähne durch allerlei Schüttelbewegungen zu glätten, machte einige tänzelnde Schritte und stand vor

dem Strahlenthrone, wo es sich gebührend verneigte. Allah sah das schöne Tier freundlich an, fragte: ›Was veranlaßt dich, mein Kind, zu deinen steten Klagen gegen mich?‹

Das Pferd bildete sich viel darauf ein, die Anrede Allahs abgewartet zu haben, ehe es selbst sprach, richtete sich dann stolz auf und sagte vorwurfsvoll: ›Erhabenster, ich habe es infolge der Art, wie du mich erschaffen hast, da unten in der Wüste sehr schwer. Du, Herr, kannst es von hier oben aus wohl schlecht beurteilen, wie viele Schwierigkeiten die Wüste bietet. Aber glaube mir, meine Beine sind nicht hoch genug, um über die vielen stacheligen Gewächse zu steigen oder die Dünen überwinden zu können, die sich zudem jeden Tag und jede Nacht wandeln. Ich pflege dann immer zu stürzen und mich zu verletzen, denn so weich der Sand scheinbar ist, so vieles verbirgt sich darunter, das sticht und brennt.

Um von den Palmen in den Oasen gelegentlich einen frischen Trieb zu brechen, ist mein Hals zu kurz, und dieses ist das einzige frische Grünzeug, das die Wüste bietet. Was nun vollends meine Hufe anlangt, so versinke ich mit ihnen immer wieder im Sande, weil sie viel zu schmal sind. Das ist es, Erhabenster, worüber ich zu klagen habe, und du wirst verstehen, daß ich im Rechte bin.‹

Allah sah das Pferd freundlich an und sagte fast bedauernd: ›Ich finde dich so, wie du bist, sehr schön. Komm näher, daß ich deine Mähne streichle.‹

Das Pferd trat näher heran und ließ Allahs Hand die weiche Mähne berühren, schüttelte sich aber dann und sagte schnell: ›Richtig, die Mähne! Ich vergaß ganz zu sagen, wie lästig sie mir ist. Ich bleibe immer mit ihr in den stacheligen Sträuchern hängen, von denen ich schon sprach – kannst du sie nicht entfernen, Erhabenster?‹

Noch einmal strich Allahs kaum fühlbare Hand über die Mähne des schönen weißen Pferdes, dann sagte er ruhig: ›Wenn ich dich richtig verstehe, mein schönes ungebärdiges Kind, so willst du dieses haben, das ich jetzt nenne: längere Beine ohne Hufe an den Füßen, einen längeren Hals ohne Mähne. Willst du auch von anderer Farbe sein, der des Wüstensandes?‹

Das Pferd richtete sich stolz auf und rief erschrokken: ›O nein, Erhabenster, keine andere Farbe, ich bitte dich! Weiß und schnell will ich sein wie die Wolke, die du mir herabsandtest, und wie sie will ich fliegen können auf diesen dann langen Beinen! Ja, und noch eines fällt mir ein: Kannst du nichts dagegen tun, daß man in der Wüste so viel Durst verspüren muß?‹

Allah sann eine kleine Weile nach und sagte dann: ›Wenn es dir genehm wäre, auf deinem Rücken einen kleinen Wasservorrat zu tragen, mein törichtes Kind, so könnte auch das für dich gewandelt werden.‹

Das Pferd gab nicht gleich Antwort, wandte den Kopf zurück, suchte seinen graden Rücken zu erspähen, sagte dann etwas unsicher: ›Nun gut, wenn es denn nicht anders sein kann, so bin ich auch damit zufrieden.‹

Allah nickte und strich dem Tier über Kopf, Hals, Rücken und Beine, richtete sich auf und hielt verborgen in seiner Hand das vollkommene Abbild des edlen weißen Pferdes, klein und zierlich, von seinen Fingern umschlossen und gehütet. Er winkte der Wolke, die sogleich den Schatten des ehemaligen weißen Pferdes einhüllte und sich damit auf die Wüste hinabsenkte. Als sie sich wieder erhob, stand auf dem Sande der Wüste das Kamel, das weiße, windschnelle, das erste Rennkamel Arabiens, in Wahrheit der Wolke entsprossen, flugschnell gleich ihr.«

Wie immer, wenn Mehmed Ali erzählte, sammelte sich eine kleine Menge Zuhörer, die stets anwuchs, je mehr er zu berichten hatte. Sie standen erwartungsvoll um den Brunnen, denn sie kannten die

Art des Haiwanli und wußten, wann er die Stimme zum Enden senkte, wann er sie schweben ließ, um weiterzusprechen. Nicht so der Syrer, der zwar eifrig, wie er alles tat, zugehört hatte, nun aber enttäuscht sagte:

»Du wolltest mir vom Pferd Arabistans, dem edlen, berichten und sprichst vom Kamel und wie es entstand? Ist das auch gerecht, o Haiwanli?«

Murmeln der Unzufriedenheit wurde hörbar ob dieser tadelnden Worte des Syrers, aber Mehmed Ali hob die Hand und sagte halb lachend:

»Du bist schwer zufriedenzustellen, o Sehis! Oder warst du noch niemals in der Wüste? Dann allein würde ich es verstehen, daß dir das Rennkamel nichts bedeutet, dieses edle Tier, geworden auch aus Allahs Hand, der Stolz des Beduinen – weißt du es nicht, o Syrer? Aber gib dich zufrieden, noch war ich nicht am Ende meiner Erzählung angelangt, noch ist mehr zu berichten vom Pferde und wie es uns geschenkt wurde, denn für Allah und dessen zeitlose Geduld, sein aus der Ewigkeit gewordenes Sein, war dieses Geschehen mit dem Kamel nur wie das Heben und Senken eines Augenlides, und es mußte noch mehr geschehen und werden.

Denn für viele, lange Zeiten hielt Allah in seiner Schöpferhand das kleine Abbild des Pferdes, das nicht gewußt hatte, wie vollendet schön es war, doch aus dessen törichter Eigensucht das Kamel entstanden war, Beweis dafür, daß alles, was durch Allah geschieht, entstehe es auch scheinbar aus einer Nichtigkeit, sich zu etwas Starkem und Nutzbringendem gestaltet.

Die göttliche Schöpferhand vermag niemals etwas anderes zu tun als Leben zu geben, ganz gleich zu welchem Endziele. Wohl wußte das Allah und daß es für ihn und sein Wesen kein Verweilen geben könne, auch bedachte er, daß schon allzu viele Menschenzeiten verstrichen seien, während deren er das zierliche Tier in seiner Hand mit Freude betrachtete. So hielt er Umschau, ob er einen Erdensohn erspähe, der der Schnelligkeit eines Pferdes bedürfe.

Allah schaute hinab, sah die goldfarbene Weite der Wüste und in gemächlicher Ruhe darauf die Kamele daherziehen. Doch am Rande der Wüste — er beugte sich vor, um besser sehen zu können — sah er einen Mann in rasendem Laufe vor einem Panther fliehen. Der Mann hatte kaum noch Atem in sich, aber so viel blieb ihm, um keuchend zu flehen: ›Allah — aman Allah — hilf mir!‹

Allah lächelte, sagte leise: ›Ja, mein Sohn, ich helfe dir . . .‹, und fügte laut hinzu: ›Dorn, kleiner Dorn, sei mir zu Diensten!‹

Da hielt der Panther inne in seinem lautlosen Lauf, denn ein Dorn hatte ihn in seinen weichen Fuß gestochen, und er stand und leckte nach Katzenart die wunde Stelle. ›Wolke!‹ rief Allah, ›schnell, komm herbei und bringe dem Manne dort, dem, der nahe dem Panther steht, dieses Pferd hinab! Eile, eile, fliege!‹

Allah legte das kleine zierliche Pferd in den Schoß der Wolke, sagte leise: ›Wachse, mein schönes Kind, wenn du die Erde berührst!‹ Dann blickte er dem Flug der Wolke nach.

Als der Mann drunten bemerkte, daß der Panther in seinem Lauf eingehalten hatte, blieb er stehen, legte die Hand auf sein wild schlagendes Herz, schaute zurück auf den Panther, der sich die Pfote leckte, und hob die Hand zur Stirn im Gruße der Ergebenheit, lächelte und murmelte: ›Dank sei dir, Allah!‹

Allah droben lächelte mit ihm, sagte für sich: ›Warte noch mit dem Dank, mein Sohn! Ja, jetzt, jetzt!‹ Und er beugte sich weiter vor, um zu sehen, wie sich alles abspielen werde.

Die Wolke senkte sich nieder, hüllte Mann und Panther wie in Nebel ein und schien dann in nichts zu zerfließen. Auf dem Erdboden aber stand, aus der Hand Allahs entlassen — das Pferd! Als der

Mann das ihm fremde Tier erblickte, wich er erschrocken zurück. Aber dieses Wesen, das aus Allahs Hand entstand, konnte nur Gutes bringen. So ging es mit zierlich erhobenen Hufen auf den Mann zu und legte seinen schönen Kopf auf dessen Schulter, eine Gebärde, von der ein jeder weiß, daß sie die Gebärde der tiefsten Ergebenheit ist.

Der Mann — wie war es anders möglich? — verstand es und streichelte die weichen, warmen Nüstern des Pferdes, lachte vor Freude auf und wußte plötzlich, was er zu tun hatte, wußte es kraft des Blickes Allahs, der ihn nicht losließ. Mit einem Jauchzen schwang er sich auf den Rücken des edlen Tieres, das seinem Ansturm standhielt, und brauste in die Ferne davon — dieser Erde erster Reiter!

Allah sah ihm voll Freuden nach, wurde dann gedankenvoll, hielt seine Hand vor sich ausgestreckt, blickte in deren Fläche, sprach zu dieser seiner Schöpferhand, sagte: ›Gut, dieses taten wir. Was aber weiter? Ein schönes Tier, ein Pferd allein, was hilft es uns? Mehren muß es sich, muß sich vielfach mehren! Doch genügt dafür mein Gedanke, mein Wille? Versuchen wir es.‹

Allah hielt die Hand nahe an seine Stirn, sagte: ›Die Schnelle des Gedankens‹, an seinen Mund:

›Der Mut des starken Lebens‹, an seine Augen: ›Der Blick des Falken‹, an seine Ohren: ›Das Gehör für die vertraute Stimme‹, an sein Herz: ›Das Herz der Welt: die Kraft der Ausdauer!‹ Und er rief mit starker Stimme, daß die Himmel widerhallten: ›So werde, du Gefährtin des ersten Pferdes, werde, Mutter edler Söhne!‹

Allah schleuderte seine Hand hin zu der neben ihm webenden Wolkenbotin, und sie schoß hinab, als habe ein Blitz sie getroffen. Schneller, als es auch Allah begriff, stand auf dem Boden der Erde das zweite Pferd, die Mutterstute. Sogleich rief sie, schrie sie, war sie lautes Verlangen, und von weither antwortete ihr ein helles Wiehern. Sie folgte dem Ruf, setzte sich in Lauf, und der Wind flog mit ihr dahin, eingefangen in ihre Mähne. Am Ende des Sonnenweges trafen sie zusammen, diese ersten Pferde, und der Mann, der dem Panther entfloh, wurde ihr Hüter und Bewahrer.

Seitdem sind sie unser, die der Hand Allahs entsprangen, Stirn, Auge, Ohr und Herz von ihm haben, zugleich mit der reichsten Schönheit, die er zu vergeben vermag, er, der das Herz der Welt ist, Allah kerim ...«

Nun war er am Ende der Erzählung angelangt, das wußten seine Zuhörer, und sie begannen sich zu zerstreuen, nachdem mehrere von ihnen noch mißbilligende Blicke auf den allen unbekannten Syrer geworfen hatten, der es wagte, an Worten des Haiwanli etwas auszusetzen. Aber sie hatten damit unrecht, denn der Syrer war ganz in sich zusammengesunken und begann trotz aller Schwerfälligkeit zu verstehen, was ihm der Haiwanli mit diesen Erzählungen im Gleichnis sagte. Das bewies sein leises Wort: »So muß ich eben versuchen, meines Dienstes mich würdig zu erweisen — das war es, was du mir sagen wolltest; ist es nicht so, o Haiwanli?«

Mehmed Ali bereitete sich vor zu antworten, als eine Stimme vom Brunnen her sprach, nahe dem Sitze des Haiwanli, und Mehmed Ali erkannte sie als die des jungen Hekim, des Inglis, dem die Heilung der kleinen Leila anvertraut war. Soeben wollte Mehmed etwas davon sagen, als Grigor Bey lebhaft bemerkte:

»Ich hörte dir schon eine Weile zu, Mehmed Ali, und seit jenen Worten, die du von der Wüste sprachst und vom Kamel, ist es mir ein Anliegen, wenn du es mir erlaubst, dir zu berichten, was ich vom Kamel weiß. Ich bin einige Male mit meinem Vater, wenn er wieder Altertümern auf der Spur war, durch die Wüste gezogen und habe viel mit

Kamelen zu tun gehabt, den Lasttieren und den Renntieren. Es mag sein, daß es diesem Sehis zur besseren Kenntnis der sonderartigen Tiere dient, wenn ich davon berichte – ist es dir genehm, o Haiwanli?«

Mehmed Ali, der mit dem jungen Hekim lieber über Leila gesprochen hätte, war zu höflich, um das zu erwähnen, und sagte zuvorkommend: »Sprich, Hekim Efendim, es wird auch für mich belehrend sein, dessen bin ich gewiß, und ich werde gerne deine Worte hören.«

Etwas verlegen lachte der junge Dr. Small und bemerkte in seiner liebenswert bescheidenen Art: »Ich muß um Vergebung bitten, wenn ich es wage, nach einem so berühmten Erzähler auch nur ein Wort zu äußern, um so mehr als ich eine nüchterne Art zu sprechen habe. Wer weiß, o Haiwanli, vielleicht kannst du in deiner schönen blumenreichen Sprache später einmal aus meinen trockenen Worten eine Erzählung machen von einem klugen und seltsamen Tier. Aber habe ich vorher recht verstanden, daß du, o Syrer, die Wüste nicht kennst und von Kamelen nichts weißt?«

Mehmed Ali wandte den Kopf, daß ihm nichts von der Antwort des Pferdedieners entginge. Dieser sagte nahezu entrüstet: »Efendim, wie kannst du glauben, daß ein Syrer die Wüste nicht kenne? Ich habe nur auf die Worte des Haiwanli nichts gesagt, weil er sie zu seiner Erzählung brauchte, so schien es mir. Aber ich kenne die Wüste und ich kenne auch die Kamele. Böse und lästige Tiere, mit denen ich nie mehr etwas zu tun haben möchte, diesen Sheitans, den schlechten!«

Der Sehis hatte sich in Erregung geredet, und Mehmed Ali wartete nun voller Spannung auf des Inglis Gegenworte. Sie kamen auch sofort.

»Wie du sprichst, o Sehis, so reden manche, die das Kamel nicht kennen, will sagen, nicht seine wirklichen Eigenschaften erkannten. Daß es vielfach böse um sich beißt, das leugnet niemand, der viel mit ihm zu tun hatte. Aber warum tut es das? Sage mir, Syrer!«

Hier nun war es, daß sich Mehmed Ali ausgezeichnet zu unterhalten begann, denn nichts liebte er mehr, als in Ruhe zu lauschen, wenn zwei Hitzköpfe sich stritten, und da beide Männer jung waren, der Inglis wie der Syrer, versprach es erfreulich zu werden. Auf die Frage des Inglis sagte der Syrer verächtlich:

»Wie soll ich das wissen, Efendim? Ich war niemals Dewdji, durch Allahs Güte nicht, und würde es nicht werden, auch wenn es darum ginge, daß nur

dieses allein mich vor dem Hungertode retten könnte!«
Der junge Arzt lachte heiter auf, und das gefiel Mehmed Ali gut, denn er wußte, wie oftmals die Ferenghi es nicht verstehen, auf die Art einfacher Männer dieses Landes freundlich zu antworten, doch war dabei nicht zu vergessen, daß Grigor Bey schon fast einer der Ihren war. Er sagte jetzt: »Wenn es ein Kamel gäbe, das jemals das Unglück hätte, dir überantwortet zu werden, o Syrer, dann würdest du es so bösartig finden, als sei es wirklich ein Sheitan, denn weißt du, Freund Sehis, diese Tiere erkennen ihre Freunde, wie sie auch sogleich ihre Feinde erspüren. Lasse einmal nur einen ärgerlichen Dewdji sein Tier mit dem Eisenstab gestochen haben, und das Kamel wartet nur noch darauf, ihn zu vernichten, tut es mit erstaunlicher Geduld, gleicht darin dem Elefanten, dem Fil. Erst wenn es die richtige Stellung fand, zertritt es den Unglücklichen zu blutigem Staub.«
Der Syrer sagte vor sich hin: »Wie ich es wußte — ein Sheitan.« Darauf der Inglis: »Und ist es auch Art eines Sheitan, den Freund zu lieben?«
Hier fand es Mehmed Ali an der Zeit, einzugreifen, fragte in ruhiger Höflichkeit sehr ernsthaft: »Willst du uns glauben machen, Hekim Efendim, daß ein

Kamel einen Menschen zu lieben vermag? Aman – was zuviel ist, ist zuviel, vergib mir, wenn ich es ausspreche.«

Zustimmend murmelte der Syrer, aber wieder kam das heitere Jungenlachen des Arztes, um seine Antwort zu begleiten. Er sagte:

»Nun, lieben ist gewißlich ein falsch gewähltes Wort, aber dieses Geschöpf Allahs, das sich zu wehren und zu rächen versteht, weiß auch dem Freunde zu helfen. Ich selbst sah, wie ein Kamel einen Mann, der gegen seinen Dewdji drohend den Stab hob, zur Seite drückte, bis er an einer Mauer nahezu erstickt wurde. Das ist doch so etwas wie lieben, nicht wahr? Und daß es ein hilfreiches Tier ist, erlebte ich vielfach auf den Ritten mit meinem Vater, denn es ist dem Menschen in der Wüste ein Helfer, glaubt es mir, ich weiß es.«

Das war so eindringlich vorgebracht, daß der Syrer in seiner eifrigen Art hastig fragte: »Wie denn ist es das? Berichte, Efendim, ich bitte dich.« Mehmed Ali auch war neugierig geworden, sagte lebhaft: »Auch ich bitte dich, Hekim Efendim, denn diese Dinge waren mir bisher fremd, wie fast alles vom Dew.«

Grigor Bey, der alle Befangenheit überwunden hatte, rauchte sehr zufrieden seine englische Pfeife und sagte freudig: »Gerne will ich davon berichten. Es ist nämlich diese Gabe dem Kamel verliehen, daß es schon sehr früh und von sehr ferne die Nähe des Wassers verspürt — niemand weiß wodurch, aber es ist Wirklichkeit und nicht Dichtung wie deine schönen Geschichten, Haiwanli.« Der war aber ungeduldig geworden, sagte hastig: »Also erzähle schon, Hekim Efendim, wir möchten es nun bald alles wissen, ist es nicht so, o Sehis?« Der gab fast heftig seine Zustimmung, rief aus: »Also berichte schon, wenn du keine Märchen erzählst!«

Gregory lachte wieder, denn er unterhielt sich ausgezeichnet mit seinen beiden Widersachern, sagte dann: »Es ist so, daß das Kamel verschiedene Rufarten hat. Die eine benutzt es, um die Nähe des Wassers kundzutun, wodurch schon mancher, der nahe am Verzweifeln war, neuen Mut faßte. Doch nicht nur die Nähe des Oasenwassers, nein, auch jenes, das in den unterirdischen Brunnen steht, kündet es an. Es ruft, und man ist sicher: bald wird man vom Durst befreit! Dann hat es einen anderen Ruf zur Warnung, daß der Shimum nicht weit sei — und man kann sich verbergen und zudecken, um den Sandsturm zu überstehen. Eine dritte Rufart bedeutet die Warnung vor nahenden Reitern. Sagt mir nun, Freunde: Ist es ein Helfer der Menschen oder nur ein Sheitan, wie der Syrer sagte?«

Der Sehis schwieg, wie immer, wenn er einen Gedanken in seinen so mühsam arbeitenden Kopf hineindrängen sollte, aber Mehmed Ali sagte fast andächtig: »Wohin man schaut, wenn man es mit den Augen des Geistes tut, überall und immer wieder ist zu erkennen, wie Allah bestrebt ist, durch seine Freunde, die Tiere, dem so schwer verstehenden Menschen zu helfen. Habe Dank, o Hekim Efendim, du hast mir viel geschenkt, und ich denke, diesem meinem syrischen Freunde auch — ist es nicht so, o Sehis? Wirst du vielleicht einmal einhalten und dich besinnen, ehe du von einem Tiere sagst, es sei ein Sheitan? Und weißt du nicht, daß auch Eblis in ewig fernen Zeiten lichte Flügel hatte?«

Der Syrer stand auf, sagte leise: »Allaha ismagladih. Ich komme wieder — ich will sehen lernen, wie du es vermagst, Mehmed Ali, den sie blind nennen, diese Toren!«

Ärzte à la franca

Einer, ein einfacher syrischer Pferdeknecht, hatte von der Blindheit des Mehmed Ali als einer besonderen Art der Sicht gesprochen, aber der englische Arzt, der diese Worte mit anhörte, war anderer Ansicht.

Es traf sich – und der junge Mensch, der in Stambul aufgewachsen war, nannte es Kismet –, daß am Abend des Tages, an welchem er die Geschichte von den Kamelen bei Mehmed Alis Brunnen erzählte, ein Studienfreund seines Vaters, bei diesem zu Gast, mit ihnen die Abendmahlzeit einnahm, das feierliche englische Dinner. Dieser Sir George Lumley war in England hochberühmt als genialer Augenarzt und hatte seine Praxis in der weltbekannten Harley Street, in welcher zu wohnen für einen Arzt Englands gewissermaßen den Stempel der Befähigung und der Berühmtheit bedeutet und ebenfalls die schwindelerregende Höhe seiner Honorare bestimmt.

Der junge Gregory, zutiefst sich der Ehre bewußt,

mit einem so berühmten Mann an der Tafel zu sitzen, schwieg zwar während der Mahlzeit ehrfurchtsvoll und hörte den Jugenderinnerungen der beiden Cambridger halb gelangweilt, halb mitleidig zu, wie es denn der Jugend eigentümlich ist in aller Welt, zu glauben, daß die armen Alten doch nur Mitleid und Nachsicht verdienen, wie berühmt die guten Leute auch geworden sein mögen. Aber nach dem Essen, bei Whisky und Pfeife, die sie alle drei rauchten, und zwar, obgleich sie sich im Lande des türkischen Tabaks befanden, mit Navycut gefüllt, fand der bescheidene Sohn des Gastgebers dennoch den Mut, den großen Sir George zu fragen, ob er einen Fall kenne, bei dem ein Blinder von Geburt her so leuchtend offene Augen habe, daß jeder, der ihn zum ersten Male treffe, annehme, es mit einem Sehenden zu tun zu haben.

Sir George tat einen genießerischen Zug aus seiner kleinen, übelriechenden Pfeife und erklärte mit der absoluten Sicherheit des großen Mannes: »Mein lieber Junge, das gibt es nicht. Das blinde Auge ist immer starr und dadurch kenntlich, oder ein Schleier überzieht es, was auch sogleich ersichtlich wird. Diese leuchtenden Augen, wie du sagst, mein Junge, sind Schwindel, und der Mann kann eben sehen, spielt nur den Blinden. Ist es ein

Orientale, von dem du sprichst, Gregory, mein Junge?«

Der so vielfach als Junge Angeredete sagte, etwas irritiert durch die allzu große Herablassung: »Es ist ein Orientale, aber dennoch kein Schwindler. Nimmst du an, Onkel George, daß jeder Orientale eo ipso ein Schwindler sei, darf ich fragen?«

Hier mischte sich der Professor der Archäologie, Small, Vater des jungen Gregory, in das Gespräch, denn er spürte die Gereiztheit seines Sohnes, und bemerkte lachend: »Nimm dich in acht, George, und vergiß nicht, daß der Junge mehr zum Orient gehört als zu unsrer regnerischen Heimat. Sag nichts gegen den Orient und die Orientalen, ich warne dich!«

Das wurde so heiter vorgebracht, daß Gregory wohl spürte, was sein Vater damit beabsichtigte, und er lenkte ein, sagte freundlich: »Entschuldigung, Onkel George, aber hier handelt es sich wirklich nicht um Schwindel. Ich kenne den Mann, der gewissermaßen eine berühmte Persönlichkeit ist, und der Grund, warum ich dir von ihm spreche, ist der, daß ich dein Interesse an dem Fall erregen und dich in aller Ehrfurcht und Bescheidenheit bitten wollte, dir den Mann gelegentlich anzusehen.«

Jetzt aber war schon das Interesse des Augenarztes erregt worden. Sir George legte die Pfeife fort, beugte sich vor und fragte ernsthaft: »Du glaubst — ich spreche als Arzt zum Arzt —, daß dieser Mann in Wahrheit blind ist und dennoch lebendig wirkende Augen hat?«
Ernsthaft antwortete Grigor Bey, wie er es bei einer Prüfung getan hätte: »Ich glaube es nicht nur, ich weiß es, denn ich kenne die Prüfungen, denen er unterzogen wurde, um seine Blindheit zu beweisen.« Forschend betrachtete der große Arzt den kleinen, den Anfänger, erkannte aber dessen Wahrhaftigkeit, wenn er auch seinem medizinischen Urteil nicht vertraute. Aber eben dieses war es, was ihn veranlaßte, zu sagen: »Wäre es möglich, daß ich den Mann sehe, ohne daß dieser wüßte, daß ich da bin?«
Gregory Small, der sich an verschiedene Äußerungen von Mehmed Ali erinnerte, sagte etwas unsicher: »Es wird sehr schwierig sein, daß er nichts von deiner Anwesenheit merkt, Onkel George, aber wir können es versuchen. Ich behandle gegenwärtig seine kleine Tochter wegen einer leichten Erkrankung und gehe morgen in der Frühe wieder hin. Wenn du mitkommen willst, so wäre das sehr lieb von dir, aber wir müssen früh gehen, denn

er ist immer schon beim ersten Morgenazan im Bazar.«

»Ein Händler dort also. Und was ist das: Morgenazan? Irgendeine Sache der Kaufleute im Bazar?«

Ein Blick flog zwischen Vater und Sohn hin und her, dann sahen sie schnell voneinander fort, um nicht in Lachen auszubrechen. Es war der Vater, der die Beantwortung übernahm: »Der Morgenazan ist der Gebetsruf des Morgens. Nach ihm richten sich die gläubigen Moslim. Nach dem, was mir Greg erzählte, handelt es sich bei dem Blinden aber nicht um einen Händler, sondern — willst du nicht weiterberichten, Greg?«

»Gerne, Vater. Also, Onkel George, dieser Blinde, der Mehmed Ali, ist ein Erzähler von Tiergeschichten im alten Bedesten, dem ältesten Teile des Bazars, und ist dafür hochberühmt. Von überallher kommen sie zu ihm, berichten, wenn sie irgend etwas Besonderes mit Tieren erlebt haben, und er weiß es immer so zu deuten, daß des Tieres Tun und Wesen als ein Beweis für Allahs Wunsch gilt, den Menschen etwas mitzuteilen, ihnen ein Beispiel zu geben — verstehst du mich, Onkel George?«

Der große Arzt sah den Sohn seines Freundes zweifelnd an, bemerkte trocken, zu diesem gewandt: »Ich habe nie etwas davon gehalten, daß du deinen

Sohn hier aufwachsen ließest, das weißt du, ich habe es dir oft genug gesagt. Nun siehst du das Resultat: ein Pack von Unsinn, Tiere, Beispiele von diesem Allah — guter Gott, und das sagt ein Brite!«
Hier nun geschah es, daß der junge Gregory einen Hustenanfall bekam und mit bewundernswerter Schnelligkeit aus dem Zimmer stürzte. Sir George sah ihm erstaunt und ein wenig betroffen nach. Sichtlich unsicher geworden, er wußte selbst nicht warum, stand er auf, sagte: »Wenn ich morgen schon so früh aufstehen soll, will ich jetzt lieber schlafen gehen . . .« und war draußen.
Professor Small lächelte vor sich hin, setzte sich wieder und wartete auf die Rückkehr seines Sohnes, der sicher gehört hatte, daß Sir George sich zu seinem Zimmer begeben hatte. Darin täuschte er sich nicht. Gregory trat bald ins Zimmer.
»Entschuldige, Vater«, rief er schon von der Schwelle her, »aber ich konnte das eingebildete Gerede nicht mehr mit anhören, darum mußte ich den Hustenanfall spielen.« Der Professor lachte verständnisvoll, meinte aber dann: »Ich muß dir sagen, mein Junge, daß es recht leichtsinnig von dir war, den guten alten George auf deinen Freund Mehmed Ali zu hetzen. Ich kann mir nicht denken, daß etwas Gutes dabei herauskommt — das tut es nämlich nie,

wenn man Schicksal spielen will. Und das beabsichtigst du doch, nicht wahr?«
Der junge Dr. Small sagte beschämt: »Stelle dir vor, Vater, daß Seifullah Bey, dem ich von der Anwesenheit des Sir George sprach und von meinem Plan, ihn zu Mehmed Ali zu bringen, genau das gleiche sagte. Ich habe ihm dann mit dem Wort ›Kismet‹ geantwortet, aber er meinte, man solle das so eigenwillig nicht deuten. Er glaubt, daß Mehmed Ali kein Gefallen geschieht durch den Besuch des Augenarztes. Meinst du das auch? Es wird jetzt schwierig sein, es noch zu ändern, da seine ärztliche Neugier geweckt ist, nicht wahr?« Der Professor nickte, meinte dann mit der durch das Leben im Orient erworbenen Ruhe: »Ja, das eine wie das andere ist möglich. Warten wir es ab, und wir werden erkennen, ob es Kismet ist oder nur deine Einbildung, Greg.«
Sie rauchten eine Weile in Schweigen, und wieder einmal kam es Gregory zum Bewußtsein, wie herrlich es doch sei, einen Vater zu haben, mit dem man sich verstand und der in allem mit einem ging. Unvermittelt sagte er: »Übrigens läßt dich Seifullah grüßen, Dad. Du kennst ihn schon lange, ja? Ich hätte dir so gerne eine kleine Geschichte erzählt, von der er mir heute berichtete. Aber vielleicht

willst du noch arbeiten?« Der Professor streckte die langen Beine behaglich aus, sagte zufrieden: »Ich denke ja gar nicht daran! Warum sollte ich plötzlich jetzt mitten in der Nacht arbeiten wollen? Bin ich Professor in Amerika oder in Stambul, dem geliebten? Fängst du auch schon an mit dem europäischen Gehetze, mein Junge?«
Der Sohn sah den Vater lächelnd an, von dem er wußte, welch unermüdlicher Arbeiter er war, wenn es darauf ankam, liebte ihn aber noch ein Stückchen mehr um dessentwillen, was er da eben gesagt hatte, und als nun die lässige Frage kam: »Na, was ist mit Seifullahs Geschichte?«, da mußte er schon vorher lachen, was eigentlich keine gute Angewohnheit für einen Erzähler ist, der das Lachen dem Zuhörer überlassen müßte. »So lustig ist's? Das kenne ich ja gar nicht an Seifullah. Also los, Junge, mache nicht auf Spannung, kann ich nicht leiden!«
»Ach, es ist ja gar nichts Besonderes, es kam so zustande, daß ich in sein rückwärts gelegenes kleines Gemach zu Seifullah kam, und er war eben beim Schreiben. Er hat eine wunderbare Schrift im Arabischen, und das sagte ich ihm. Da lachte er und meinte, das sei gar nichts wert, viel besser und klüger stünden die da, die nicht schreiben könnten,

wie es früher immer der Fall gewesen sei, und deren Gedächtnis eben dadurch, daß sie nicht mit dem Schriftwort belastet würden, von größter Fassungsfähigkeit sei. Glaubst du das auch, Dad, daß wir Schriftmenschen uns das Gedächtnis zerstören, oder irrt er?«

Der Professor schüttelte den Kopf, sagte, immer in der gleichen Ruhe sprechend: »O nein, Seifullah irrt nicht. Ich habe unterwegs im Innern erstaunliche Dinge erfahren von Leuten, die niemals die Schrift gekannt hatten, aber mehr von allem im Gedächtnis behielten als ein Lexikon. Aber erzähle weiter — denn nun kommt doch erst das Eigentliche, nicht wahr?«

Der Sohn sagte — und es war ihm anzumerken, wie unwahrscheinlich ihm das, was er zu erzählen hatte, erschien —: »Seifullah berichtete von einem Armenier, der es sich erdacht hatte, im neuen Bazar bei einem Manne in Dienst zu treten, der weder schreiben noch lesen konnte. Der Ermeni hatte angenommen, sich auf diese Art, da jede Kontrolle fehlen würde, ein hübsches Sümmchen beiseitebringen zu können, und machte dann eine Aufstellung von Einnahmen und Ausgaben zurecht, die — so sagte Seifullah — einem Märchenerzähler alle Ehre gemacht hätte. Der Zeitpunkt der Abrechnung kam, und stolz trug der Armenier seine Komposition vor, während der Kaufmann schweigend und rauchend zuhörte. Als der Armenier fertig war, sagte der Kaufmann in aller Ruhe: ›Du hast dich, Ermeni, in verschiedenen Dingen geirrt. Da ist zuerst die Seide aus Khorassan, die vor zwei Monaten kam – sie kostete um die Hälfte mehr, als du angabst, und maß um drei Ellen mehr. Was die kleinen Dolche aus Damaskus anlangt, so waren es deren nicht drei, sondern zehn Stück, und ihr Einzelpreis betrug das Vierfache von dem, was du angegeben hast. Der Kaffee aus Bagdad nun vollends . . .‹ Und so ging das dann die ganze Liste durch, von einem Posten zum anderen, ohne Fehl und Unsicherheit. Als der Kaufmann es alles zusammenzählte, wobei er nicht einmal die Finger zu Hilfe nahm, mußte der Ermeni Waren in vielfacher Menge zurückerstatten, und zudem hatte er Geldwerte in beträchtlicher Höhe herauszugeben.

Der ganze Bazar hat über dieses Geschehen gelacht, so sagte Seifullah, besonders aber dann, als der wütende Armenier überall bekanntgab, er werde niemals mehr bei einem Manne Dienst tun, der des Schreibens und Lesens nicht mächtig sei, vielmehr werde er in Hinkunft nur schreibfähige Leute auswählen, denn bei denen könne man Zahlen wandeln, so die Fünf zur Acht und die Neun umdrehen zur Sechs, und ähnliche kleine Kunststücke mehr ausführen, die sich in der Schrift herstellen lassen, aber nicht vor einem unfehlbaren Gedächtnis. Seifullah sagt, alle, mit denen er auf seinen Wüstenreisen kaufmännische Beziehungen hat, kennen die Schrift nicht und sind deshalb nahezu unfehlbar. Hast du auch solche Erfahrungen gemacht, Dad?« Der Professor bestätigte Seifullahs Worte und fügte an, daß es allen, die aus dem Bereich der Schrift stammten, nur guttun könne, die Überlegenheit des unverfälschten Gedächtnisses anzuerkennen. »Im übrigen hast du doch den besten Beweis für diese Seltsamkeiten an deinem Freunde Mehmed Ali, der den Kopf voll hat von allerlei Erzählungen und doch gewißlich nichts mit Schrift zu tun haben konnte – ist es nicht so? Laß uns zur Ruhe gehen, Greg, mein Junge, und bereite dich auf eine schwierige Stunde vor mit deinem Besuch bei dem Blinden. Geht Seifullah mit?« Der junge Gregory bejahte und war wieder verwundert über des Vaters Klarsicht, dann senkte sich endlich Ruhe über das Haus am alten Serail. Am nächsten Morgen benutzte der Professor die Zeit des Frühstücks, um seinem Studienfreunde klarzumachen, daß Seifullah, ein hochbedeutsamer Mann, auch ein Kaufmann des Bazars, sie zu Mehmed Ali begleiten werde, und beschwor Sir George, ihn wie einen Herrn bester Herkunft zu behandeln, sei er doch auch ein alter Freund. »Auch der Blinde ist in seiner Art ein gebildeter Mann, nach allem, was mir Greg von ihm erzählt. Bedenke: Orient und nochmals Orient — nicht Harley Street, London!« Das war so ernst vorgebracht, daß Sir George Lumley sich vornahm, danach zu handeln. Er und Greg begaben sich zunächst zum Bedesten, um Seifullah abzuholen, dann wurde der kleine Hamdi herbeigeholt, und unter seiner Führung gelangte man zum Hause von Mehmed Ali.

Es war noch sehr früh am Tage, aber schon warm, und als sie von weitem das kleine rote Haus sahen, wurde ihnen ein seltsamer Anblick zuteil. Auf der Schwelle saß Mehmed Ali, der die kleine Leila in den Armen hielt, und um die zwei herum lebte, flatterte und zwitscherte es von allerlei geflügeltem Getier. Leila streute mit vollen Händen Maiskörner aus, Mehmed Ali warf Brotkrumen dazwischen, und die gierigen, immer futterneidischen Tauben versuchten, die Spatzen zu vertreiben, die ihnen doch die Maiskörner nicht streitig machten. Im Hintergrunde, in der Türöffnung, war die verschleierte Narfilah zu erkennen, und Mehmed Alis

Erzählerstimme war, obgleich sie halblaut raunte, in höchster Deutlichkeit zu vernehmen.
Seifullah und Gregory blieben stehen, und Hamdi zupfte den Fremden am Rock, um ihm anzudeuten, daß er sich ruhig zu verhalten habe. Zwar sah sich der große Sir George unwillig nach dem Knirps um, der es wagte, ihm eine Mahnung zu erteilen, aber dann dachte er an seines Freundes Worte und ließ es sich gefallen. Für ihn bedeutete es eine große Geduldsprobe, so reglos dazustehen, denn er verstand kein Wort von dem, was der Haiwanli sprach, erriet aber, daß es sich bei dem Erzähler um den Blinden handelte, und pirschte sich — wie er glaubte, lautlos — näher, um die seltsamen Augen betrachten zu können. Es war ihm zwar, als habe der Mann den Kopf zu ihm hingewendet, aber das konnte auch auf einer Täuschung beruhen.
Seifullah und Gregory traten näher, und sogleich sagte Mehmed Ali: »Willkommen, Seifullah Bey, und du, Grigor Bey. Wollet stehenbleiben, auch der Fremde dort tue es, denn ich habe Leila zu berichten von diesen Spatzen, die ich ringsum höre.
Sagte ich dir nicht, Leila, meine Blume, daß diese von dir so verächtlich als ›nur Spatzen‹ bezeichneten Vögel einstmals sehr schön waren? Schöner, als du es dir vorstellen kannst, leuchtete ihr Gefieder,

und ihr Gesang übertraf an Lieblichkeit den der Bülbül. Aber weil sie so schön waren und so herrlich sangen, haben die Menschen sie gejagt und in Käfige gesperrt, um sich an ihnen zu erfreuen. Es war schlimm für die Sperlinge, so in Gefangenschaft zu leben, und zudem wurden es auf diese Art ihrer immer weniger. Da kamen sie zu ihrem befehlenden Vogel, denn alle Völker der Tiere haben einen ihrer Art, der ihnen Gesetze des Verhaltens erteilt, und sie klagten ihm ihr Leid, sagten, es müsse etwas geschehen, denn so, wie es jetzt sei, würden sie bald alle vernichtet sein.

Der kleine Sperling, den sie um Rat fragten, erklärte ihnen, daß er nur einen einzigen Weg der Hilfe sähe, das sei der, zu Allah zu fliegen, der für jedes Leid Hilfe wisse. Und er machte sich auf den weiten, weiten Weg zu Allah. Aber Allah, der alles sieht und weiß, hatte schon gehört, worum es sich handelte, und er befahl seiner Wolkenbotin, den kleinen Vogel heraufzuholen, da er sonst ermatten würde. So kam es, daß der Sperling sich unversehens in eine weiche Stille gehüllt fühlte und schwebend entführt wurde, ohne zu wissen, was ihm geschah. Dann war da plötzlich Allah, den der Sperling sofort erkannte, denn welches seiner Geschöpfe täte das nicht?

Und Allah sagte: ›Komm her zu mir, mein kleiner, schöner Sohn – nein, setz dich nicht auf meinen Fuß, da bist du zu weit fort, hier auf meine Hand! Ja, so ist's recht! Und was ist es, das dich bewegt, zu mir zu kommen? Ein Leid oder eine Not? Sprich, mein Kind, und wenn ich es vermag, werde ich dir helfen.‹

Der Sperling sah in das strahlende Auge Allahs, und seine feine Stimme bebte, als er zur Antwort gab: ›Herr, Erhabenster, da du uns so schön geschaffen hast und uns solche herrliche Singstimme gabst, stellen uns die Menschen nach, sperren uns in Käfige und tun uns Leids an. Wir werden weniger und weniger – deshalb kam ich, dich um Rat zu fragen, Herr, was da zu tun sei.‹

Allah drehte seine Hand hin und her, um den kleinen Vogel von allen Seiten zu betrachten, und sagte lächelnd: ›Du bist wirklich sehr schön, mein kleiner Sohn. Und nun lasse mich noch deinen Gesang hören, davon du sprachst!‹

Der Sperling auf Allahs Hand blähte seine Brust auf, und aus dem kleinen Körper drang eine solche Fülle von Wohllaut, daß alle Vögel des Djehennet herbeigeflattert kamen, um zuzuhören. Sie flatterten um Allahs Haupt und lauschten, lauschten, wie es auch Allah selbst tat.

Als der Sperling sein Lied beendete, sagte Allah: ›Ich kann es wohl verstehen, daß die Menschen, diese Armen, solchen Wohllaut immer bei sich behalten wollten, du aber, mein kleiner, schöner Sohn, du begehrst für dich und die Deinen die Freiheit unter meinen Himmeln, ist es nicht so?‹
Der Sperling sagte leise, denn Allahs Gegenwart bewegte ihn tief: ›So ist es, Erhabenster.‹
Da sagte Allah ernst: ›Da gibt es nur eines zu tun: dir und den Deinen die schönen Farben des Gefieders zu nehmen und auch die herrliche Singstimme, denn dann wird es niemanden mehr nach euch gelüsten, und ihr habt eure Freiheit. Was denkst du davon, mein kleiner Sohn? Sprich!‹
Der Sperling auf Allahs Hand fühlte sein kleines, mutiges Herz heftig klopfen, da ihm solch schwere Entscheidung vorgelegt wurde. Er fragte: ›Werden wir sehr häßlich sein, Erhabenster, so daß wir Abscheu erregen?‹
Allah lachte ein wenig, sagte heiter: ›Aber nein, warum denn das? Ich werde euch die Farbe der Erde geben, so daß ihr euch an ihr verbergen könnt, und ein feines Rufen wird euch bleiben, das klingt wie Tschilp, Tschilp. Überall auf der ganzen Welt wird man euch kennen, und ihr werdet die freiesten Vögel meiner Himmel sein. Was dünkt dich, kleiner

Sohn, ist die Freiheit nicht das Opfer der Schönheit wert?‹

Der Sperling neigte sich ganz tief herab zu der Hand Allahs, die ihn hielt, und sagte: ›So nimm mir meine Farben, Erhabenster, aber ehe du mir die Singstimme nimmst, lasse mich dir noch ein letztes Lied singen, mein schönstes und reichstes! Darf ich es tun?‹

Allah hob den kleinen Vogel hoch, hielt ihn an seine Wange und sagte leise: ›So singe mir, kleiner Sohn!‹

Und der Sperling sang. Seine kleine Kehle bebte, und seine Brust war geschwellt von Tönen. Die Vögel des Djehennet ließen sich auf Wolkenschleiern nieder, um zu lauschen, und als der Gesang erlosch, erhoben sie sich schwirrend, um für alle Zeiten das Sperlingslied nach Djehennet zu bringen, als schönste Gabe für jene Glückseligen, die im Schatten der ewigen Bäume dem Rauschen der Quellen und dem Gesang des Sperlingsliedes lauschen würden.

Allahs Finger aber strich weich über das schöne bunte Gefieder hin, und da war es so erdfarben geworden, wie wir es in aller Welt an den vertrauten Sperlingen sehen. ›Tschilp, Tschilp‹, sagte der Spatz und neigte den Kopf zur Seite. ›Ich danke dir,

Erhabenster, es ist recht so, wie du es angeraten hast, und der Preis der Freiheit ist zu hoch nicht. Tschilp, Tschilp!‹

Allah lächelte wieder, sagte leise: ›Schön war dein Lied, herrlich war es! Aber ich glaube, dein Tschilp, Tschilp gefällt mir fast noch besser. Lebe denn wohl, mein kleiner Sohn, und freue dich mit den Deinen der Freiheit, die du ihnen voller Klugheit erkauftest um den Preis der Schönheit. Wolke, bringe ihn hinunter!‹

Die Wolke hüllte den Sperling ein, und er kündete den Seinen, was geschehen war. Aber sie alle hatten im gleichen Augenblicke, da es ihm geschah, auch schon das Gewand der Erdfarbe erhalten und begrüßten ihn bereits mit Tschilp, Tschilp.

So geschah es, Leila, meine Blume, daß die Sperlinge das erdfarbene Gewand bekamen, wie du sie vor dir siehst, und daß sie die freiesten Vögel wurden unter Allahs Himmeln. Du hast mich verstanden — ist es nicht so?«

Mehmed Ali hatte geendet, und seine kleine Tochter schmiegte sich an ihn, sagte halblaut: »Ich werde sie immer gerne haben, die Erdfarbenen, und ihr Tschilp, Tschilp auch. Es war so schön, Pederim, habe Dank! Welch ein herrlicher Tag, der so beginnt! Gehst du schon fort jetzt?«

Mehmed Ali stand auf, reichte, ohne sich zurückzuwenden, das Kind Narfilah, denn er hatte die ganze Zeit gefühlt, daß sie hinter ihm stand, und ging zwei Schritte vorwärts, rief leise: »Seifullah Bey?«

Seifullah, dem die ganze Sache mehr als peinlich war, trat schnell zu ihm heran, legte ihm die Hand auf die Schulter, sagte, ebenso leise sprechend: »Ich bin hier, Mehmed Ali, was begehrst du von mir?«

Der Blinde neigte sich zu Seifullahs Ohr und flüsterte: »Ich fühle einen Fremden hier, und seine Gegenwart ist mir nicht günstig. Sage du mir, der du mir immer Freundschaft erzeigtest: Weshalb brachte der junge Hekim den anderen mit? Ist irgend etwas mit meiner Tochter, das eines weiteren Ratgebers bedarf? Mir ist eng ums Herz, Seifullah Bey!«

Nicht zum ersten Male verwunderte sich der große Kaufherr über das erstaunliche Feingefühl des Blinden, und seine Hand auf dessen Schulter strich beruhigend hin und her. »Es ist nichts mit deiner Tochter, Mehmed Ali. Der junge Hekim sagte mir erst auf dem Wege hierher, welch kluges Kind sie sei und eines solchen Vaters wert, auch fehle ihr gar nichts, denn es habe sich nur um eine ganz geringe Erkrankung gehandelt. Er meinte aber auch, du solltest ihr nicht zu viele Geschichten erzählen, wie soeben wieder, denn das errege ein Kind wie sie, die feinnervig und zart ist, zu sehr. Gerade eben hat er es mir wieder zugeflüstert. Nein, um sie geht es nicht, aber ein Freund seines Vaters ist in Ferenghistan ein großer Hekim für die Augen — und . . .«

Entgegen aller Höflichkeit unterbrach ein Lachen des Blinden die Worte Seifullahs, und Mehmed Ali sagte heiter: »Und er will mich sehend machen, ist es nicht so, Seifullah Bey? Also bringe ihn zu mir, daß er meine Augen ansehe! Aber er soll mir nicht die Augen anfassen, wie es der Sehis tat, denn das ist ein heftiger Schmerz. Ich weiß nicht, warum man mir immer weh tun will — ich tue es den anderen doch auch nicht. Lasse den jungen Hekim es dem älteren Manne sagen. Ich vernahm seinen Schritt, der sich leise machte, aber zu schwer ist für die Lautlosigkeit. Gehen wir hinein und beginnen wir — doch komme du mit, Seifullah Bey, denn du bist mein Freund, und ich hätte dich gerne bei mir!«

Seifullah trat zu Gregory und sagte ihm, was Mehmed Ali erbat, worauf dieser dem großen Sir George das Anliegen wiederholte. Der zuckte nur verächtlich die Schultern und meinte trocken: »Für was hält mich dieser sogenannte Blinde, daß ich ihm die

Augen anrühren könnte? Ich will mich nur überzeugen, ob er wirklich blind ist — nichts anderes.«
Angesichts dieser Härte und Ungüte wurde es Gregory immer mehr klar, wie verfehlt das Ganze war, und er bat eindringlich: »Bitte, Onkel George, bedenke, daß du es mit einem sehr feinfühligen Menschen zu tun hast und nicht mit einem Briten!«
Aber der große Arzt gab zur Antwort: »Alle Blinden sind feinfühlig, haben mehr Sinne als die Sehenden. Ich werde sehr bald wissen, mit wem ich es zu tun habe. Du aber sei ohne Sorge, Greg, dein Vater sprach schon mit mir und sagte, was zu beachten sei. Gehen wir also.«
Sie betraten das kleine rote Haus, und Narfilah zog sich bei ihrem Kommen in die inneren Räume zurück, nahm Leila mit sich. Die Männer traten in den Raum ein, an dessen Vorhang, sie erwartend, Mehmed Ali stand. Er sagte zu Gregory:
»Du, Hekim Efendim, wolle dem alten Manne sagen, daß ich um deinetwillen, der du gut zu meiner Leila warst, bereit bin, meine Augen von ihm betrachten zu lassen, nur betrachten, nichts sonst — verstehst du mich, Hekim Efendim?«
Gregory senkte in einem gewissen Schuldgefühl den Kopf und sagte leise, weil es ihm die Kehle zu-

schnürte: »Ich verstehe dich, Mehmed Ali, und verspreche dir, es wird nichts anderes geschehen.«
Gregory trat nahe zu Mehmed Ali, der geduldig dort stand, die leuchtenden Augen auf den Mann gerichtet, den er jetzt auf sich zukommen fühlte. Sir George zog einen kleinen Spiegel aus der Tasche und zündete sein Feuerzeug an, hielt die winzige Flamme so, daß sie im Spiegel reflektierte. Mit diesem primitiven Werkzeug fuhr er vor den leuchtenden Augen hin und her, in denen sich nichts, aber auch gar nichts rührte. Zwar sah man, wie in einem Spiegel, auf ihrer Oberfläche den Reflex der kleinen Flamme, aber das war auch alles. Der große Arzt murmelte erstaunt: »Tatsächlich vollkommen blind! Unglaublich so etwas!«
Reglos stand Mehmed Ali und neben ihm, wachsam, Seifullah, während sich Greg ängstlich neben Sir George hielt. »Frage ihn«, sagte er jetzt, »ob er so zur Welt kam.«
»Das brauche ich ihn nicht zu fragen, ich weiß es, es war, wie du sagst. Er hat niemals etwas gesehen.«
Mehmed Ali bemerkte lächelnd: »Dieser glaubt auch nicht, daß ich immer blind war, und er führt ein Licht an meinem Gesicht vorbei, ich spürte die kleine Wärme. Er wollte sehen, ob meine Augen

zucken würden und er mich für einen Yalandji erklären könne. Er ist ein Ferenghi, und die wissen es nicht anders. Aber ich bitte dich, Hekim Efendim, sage diesem Freunde deines verehrenswerten Vaters, daß ich, wenn er mich durch irgendein Marifet sehend machen könnte und er mir dazu auch noch sehr viel Geld zahlen wollte, ich nein sagen würde — immer nein! Ich will die Welt, in der ich reich bin und glücklich, nicht verlieren um der armen und engen Welt der Sehenden willen. Sage es ihm, der du gut zu meinem Kinde warst, ich bitte dich!«

Um sich dessen, was er mehr und mehr als eine Schuld empfand, zu entledigen, übertrug Gregory fast wörtlich, was Mehmed Ali gesagt hatte. Sir George sah etwas betroffen aus, zuckte dann die Achseln und bemerkte in seiner trockenen Art: »Na, auch gut. Immer besser, sich mit dem Gegebenen abzufinden. Fein für ihn, daß er das kann. Gehen wir also?« Aber Gregory sagte trotz dem, was der harte große Mann geäußert hatte, Worte des Dankes, und Mehmed Ali verbeugte sich höflich, dankte auch für das Bemühen des Ferenghi. Dann gingen sie zu dritt davon. Seifullah trennte sich sogleich von ihnen, und Gregory benutzte die Gelegenheit, um dem Freund des Vaters einiges von Stambul zu zeigen, tat es ungern, aber voller Pflichteifer.

Drinnen im kleinen roten Hause stand Narfilah neben Mehmed Ali, der sich auf seine Sitzkissen niedergelassen hatte. Er griff nach ihr, zog sie neben sich, fragte: »Warum bist du voller Unruhe, mein Weib? Und wo ist Leila?«

Sie war es schon gewohnt, daß er alles bemerkte, was sie fühlte, antwortete zuerst auf die letzte Frage, berichtete, Leila sei zu den Nachbarskindern hinübergelaufen, um mit ihnen zu spielen. »In Unruhe bin ich dieser Männer wegen, die bei dir waren, Herr, besonders um des älteren, harten willen. Was wollten sie von dir?«

Mehmed Ali lachte leise, sagte: »Mich sehend machen.«

Ein furchtbarer Schreck malte sich auf dem ruhigen Antlitz der Narfilah, und sie stammelte voller Schrecken: »Und du, Herr, wirst du es tun?« Denn wenn er sehend würde und sie so wenig schön fände — was würde dann aus ihr, die erst gerade jetzt ein neues Glück zu kosten bekommen hatte?

Wieder lachte er, sagte fröhlich: »Hast du schon einmal von einem gehört, der einen großen Schatz besitzt und diesen dann achtlos fortwirft um eines Steines willen? Allah gab mir den Reichtum der

Welt, als er mich blind geboren werden ließ, und ich behalte diesen Reichtum, denn er ist mein, mein ganz allein — niemand kennt ihn, niemand weiß davon. Auch behalte ich in mir, mein Weib, deine Lieblichkeit, die barmherzige Weichheit deiner Hände, die ruhige Kraft deiner Güte, die ich immer fühle und in die ich mich hülle wie in ein Königsgewand, und die Zartheit unseres Kindes, das mir klein und weich bleibt, auch wenn es später groß wird. Ich sehend — welche Torheit, welch ein Frevel!«

Narfilah, die ruhige, die bisher so geduldige, brach in Tränen aus, neigte sich tief herab und barg den Kopf an des Mannes Schulter. Ihr war eine Welt wiedergegeben worden, eine, in der sie schön und lieblich war, die Welt des großen Traumes der Liebe. Ihr Mann, dieser immer um alles wissende Mann, wiegte sie sanft hin und her, als sei sie ein trauerndes Kind, und sagte ganz leise:

»Narfilah, mein Weib, weißt du, daß die Nachtigallen am Grabe des Hafis die sind, die am süßesten singen? Und warum ist es so? Weil der, über dessen Grab die Rosen blühen, darin sie nisten, der größte Sänger der Liebe und der Lebensfreude war. Und wenn du gut hinhörst, Narfilah, im Dämmern, weißt du, wenn die Bülbül die schönsten Stimmen

haben, dann wirst du vernehmen, daß sie die Worte singen, die er schrieb, ehe sich das Dunkel auf ihn senkte, jenes, das mir Licht ist.
Sie singen: ›Wenn du vorbeischreitest an meinem Grabe, wenn deine leichten Sohlen den Staub berühren, damit sich der meine mischte — dann wird er aufstehen, der unsterbliche Staub, und dir die Füße küssen, die zarten, die weichen — in Liebe, in demütiger Liebe. Mein unsterblicher Staub, o holdestes aller Weiber der Welt!‹ So singen sie, die Bülbül des Hafis. Hast du mich vernommen, Narfilah, die mir Liebe schenkte, immer nur Liebe und Geduld? Als ich es nicht begriff, auch dann — hast du verstanden, o holdestes aller Weiber der Welt?«
Narfilah verbarg ihr Haupt in tiefer Scham und tiefstem Glück in ihren Schleiern — denn: konnte einem Weibe mehr beschieden sein, als diese Stunde ihr schenkte? Und sie schwieg.

Ischa

Als einige Tage danach Mehmed Ali zum Bedesten ging, neben sich Hamdi, der das Strohkissen trug, hob er den Kopf, blieb stehen, sagte andächtig: »Hörst du, Hamdi, mein Kind, Melekler Kanatlar...« Später als der Blinde hatte der Sehende — und er ein Knabe mit wachen Sinnen — das Rauschen über ihren Häuptern vernommen, und jetzt sah er die Schatten der großen Storchenschwingen den Morgenglanz verdunkeln, wandte sich zu Mehmed Ali, fragte: »Warum nennst du sie Engelsflügel, Herr, die doch nur die alljährlich zur gleichen Zeit wandernden Störche sind? Ist es etwas Besonderes damit?«

Mehmed Ali legte die Hand auf die Schulter des Knaben, und sie gingen weiter. Im Schreiten sagte er: »Habe ich dir noch nicht berichtet, wie sie in der Wüste den Reitern Schatten geben und wie man ihre Schatten die der Engelsflügel nennt, in Erinnerung an den Gesegneten, der sie so bezeichnete? Denn nichts Kostbareres gibt es in der Wüste als

Schatten und Feuchtigkeit. Wenn einer edle Steine, die hier im Bedesten ein Vermögen wert wären, bei sich trüge und ritte in der Wüste, dem Verdursten nahe, vergehend unter der Glut der Sonne — was wären ihm die edlen Steine nütze, die seinen Reichtum ausmachten? Um einen Tropfen Wassers auf seiner brennenden Zunge, um einen kühlenden Schatten über seinem Haupte gäbe er sie alle willig hin und achtete es nichts — darum nennt man den Flugschatten der großen Vögel den der Engelsschwingen. Verstehst du mich, Hamdi, mein Kind?«

Diese hie und da sich ergebenden Bemerkungen des Haiwanli bewirkten es, daß Hamdi so stolz war, ihn geleiten zu dürfen, und daß er um dieses Vorrecht von seinen Altersgenossen beneidet und nach seiner Rückkehr stets eifrig befragt wurde.

Als Hamdi an diesem besonders sonnigen Tage den Haiwanli am Brunnen verlassen hatte, saß dieser eine Weile lang ganz in sich versunken da. Er dachte nach über das Glück, die tiefe innere Zufriedenheit, die seit einiger Zeit, einer seltenen Blume gleich, in dem kleinen roten Hause erblüht war, und ihm fiel ein, wie seltsam es sei, daß er die kleine Leila »meine Blume« nannte. War es nicht seit jener ihn so sehr beängstigenden Erkrankung des Kindes,

daß sich mit ihm und seinem Weibe vielerlei Neues begeben hatte? Ein wunderbares Kismet, das es vermochte, aus der Sorge und der Bedrückung des Menschen nach Allahs Willen etwas Neues zu schaffen, das jede Stunde des Tages und der Nacht vergoldete und reich gestaltete.
In diese freudigen Gedanken versunken, hob Mehmed Ali dennoch lauschend den Kopf, denn sein Ohr hatte der Laut von einem Schritt getroffen. Es war ein seltsam andersartiger Schritt, als er ihn sonst wohl vernahm, der nackter Füße. Wohl gingen diese Schritte lautlos dahin, aber dem Blinden, der Gehör und Gesicht besaß, reicher und stärker als jemals Sehende, waren sie vernehmlicher als die der Beschuhten. Er hob den Kopf und lauschte angestrengt, wußte auch nach kurzem, daß die nackten Füße hinübergeschritten waren, dorthin, wo sich der Sitz von Seifullah befand. Bei sich dachte Mehmed Ali, ob es wohl der wiedergekehrte Derwisch sei, der ihm durch Seifullah versprochen hatte, nach seiner Rückkehr von Ischa zu berichten, davon er noch nichts wußte. ›Sagte Seifullah nicht, ich werde bereichert sein, wenn ich von Ischa wisse? O Geduld, Tugend der Weisen, stehe mir bei!‹
Unter solchen Gedanken wurde Mehmed Ali die Zeit lang, doch brachte er es nicht über sich, zu Sei-

fullah hinüberzugehen und ihn zu befragen. Zu wenig höflich erschien es ihm, solcherart in die Ruhe des Derwisch und seines Freundes einzubrechen. So kam es, daß von ferne her der Mittagsschuß zu hören war und sich drüben noch immer nichts gerührt hatte.

Da hielt es Mehmed Ali nicht mehr aus, erhob sich, nahm seinen weißen Stab, der in der ganzen Welt den Blinden anzeigt und mahnt, diesem behilflich zu sein, wo und wie man ihn auch antreffe — und machte seinen sicheren Weg hinüber zu Seifullahs Sitz. Er tastete sich mit der einen Hand um den vorgebauten Platz herum, dessen Teppiche er fühlte, und verwunderte sich, daß nicht einmal ein Diener des Seifullah Bey dort nach Kunden Ausschau hielt. Dann erreichte er den hinteren Eingang zu dem kleinen Aufenthaltsraum, der den Gästen des Kaufherrn zur Zusammenkunft diente, und klopfte mit seinem Stabe kurz und leise an den Eingang.

Von innen her klang eine Stimme, die rief: »Da ist er schon, ich kenne dieses leise Klopfen!« Und sogleich öffnete Seifullah selbst die schmale Pforte, sagte freudig und schnell: »Komm herein, Mehmed Ali, mein Freund, und sei mir willkommen. Wir wären schon bei dir, wenn nicht mein Freund und Bruder, der Derwisch, sich eine Verletzung am Fuß zugezogen hätte, die wir pflegten und dem Staub des Weges noch nicht aussetzen durften. Aber ich wußte, du werdest dich an das erinnern, was ich dir bei des Derwisch vorigem Hiersein gesagt hatte, und würdest warten, von Ischa zu hören, Ischa Hazaretlery — ist es nicht so, Mehmed Ali, mein Freund?«

Der Blinde war eingetreten, wandte den Kopf nach der Stelle, wo er den Derwisch fühlte, verneigte sich ehrerbietig und sagte: »Derwisch Baba, immer ist die Stunde gesegnet, da ein Verehrungswerter zu uns kommt, doch will mir scheinen, diese Stunde werde mir noch in besonderem Maße Segen bringen. Wolle dich nun herablassen und deinem bescheidenen Diener von jenem berichten, den Seifullah Bey Ischa Hazaretlery nannte und von dem ich nichts wußte bisher.«

Damit ließ er sich am Boden nieder, so nahe wie möglich beim Derwisch, dessen Atem er vernahm. Die Füße des Derwisch waren mit feuchten Tüchern umwickelt, die mit Spezereien heilender Art getränkt waren, und er hielt sie unter seinem Gewande verborgen. Er grüßte Mehmed Ali, was dieser an dem leichten Luftzug erkannte, den die Handbewegung verursachte, und sagte sehr ruhig und feierlich:

»Mir will es als ein besonderer Segen erscheinen, daß mir beschieden wird, von Ischa zu berichten, und zwar einem Manne, der — wie mir Seifullah Bey sagt — alle Dinge, alles Geschehen auf Allahs Güte zurückführt. Ein solcher wird begreifen, was es heißt, von Ischa zu sprechen, der einer der Allah Nahen ist, unserem gesegneten Propheten ähnlich nahe und seit urdenklichen Zeiten, ja, als es noch keine Zeit gab, nur Allah in seiner Unendlichkeit und um ihn die ihm Nahen, der von jenen ist, die im Glanze Allahs leben. Ist es nun anders möglich, als daß die, welche aus solchem Glanz kommen, ihn auch um sich verbreiten? Und Glanz ist Licht, Licht aber ist Leben, ist Freudigkeit, ist alles, was des Menschen glückliches Sein ausmacht, so er ein Sohn Allahs ist — ist es so, Mehmed Ali, oder irre ich?«
Mehmed Ali gab höfliche Zustimmung, fand aber, daß bisher alles, was der Derwisch gesagt hatte, den Dingen entsprach, die heilige Männer vorzubringen pflegten, und in nichts irgendeine Besonderheit aufwies. Trotzdem blieb er in der dem Lauschenden gebührenden Stellung vorgebeugt hocken und ließ die Perlen seines Tesbieh lautlos und langsam durch die Finger gleiten, wartend, nur wartend.

Da sagte der Derwisch: »Nun ist es so, daß dieser Ischa, den die Ungläubigen als den Ihren ansehen, dem sie die Last alles menschlichen Leides, aller Schmerzen und Traurigkeit aufgebürdet haben und den sie dennoch den Sohn Allahs nennen — daß eben Ischa wie ein rechter Sohn Allahs für uns die Freudigkeit bedeutet, das Lachen, die Hilfe und besonders auch für jene, die durch die Wüste ziehen, den Segen des Schattens und der Feuchtigkeit. Hörst du mich, Mehmed Ali?«
»Wie sollte ich dich nicht hören, Derwisch Baba, da du so erstaunliche Dinge sagst? Wie kann denn der, den du Ischa nennst, Schatten und Feuchtigkeit bedeuten für die Wüstenkinder? Hat er Flügel, und vermag er ihnen eine Quelle zu zeigen — oder wie ist es gedacht? Ich verstehe es nicht, so sehr ich mich bemühe, es zu tun.«
Der Derwisch hörte deutlich aus den Worten des Haiwanli dessen Enttäuschung heraus, und er lächelte ein wenig, sagte heiter:
»So will ich dir erzählen, wie ein kleiner Knabe den Namen Ischas begrüßte. Er war der Sohn eines Dewdji, und sein Vater hatte ihn mitgenommen auf einen Wüstenzug, um den Kleinen an die Wüste zu gewöhnen, in der er sein Leben würde verbringen müssen. Da erhob sich ein Shimum, und

wie immer bei solchem Sandsturm wurde es mit großer Plötzlichkeit sehr dunkel am hellichten Tage. Der Dewdji hielt den Kleinen neben sich niedergedrückt, in den Burnus gehüllt, hinter des Kamels Rücken geborgen.

Aber der Knabe begann leise vor sich hin zu weinen, und gefragt, was ihm sei, bekannte er, daß er sich sehr fürchte. Da hielt der Vater, hinter den Gewandfalten versteckt, Ausschau, ob er irgendwo einen hellen Fleck zwischen den dunklen hastenden und sich schiebenden Wolken entdecke, fand einen solchen, hob vorsichtig des Knaben Kopf hoch und sagte: ›Sieh hin, mein Kind, kannst du die Helligkeit dort sehen?‹ Der Knabe, noch immer weinend, nickte. Sagte der Vater: ›Nun also, dann fürchte dich nicht mehr, denn diese Helligkeit dort rührt her von Ischas Hand. Was ist da noch zu fürchten, wenn seine Hand sichtbar wurde?‹ Der Knabe schaute hinauf, lachte plötzlich, sagte heiter: ›Wenn Ischas Hand über uns ist, so fürchte ich mich nicht mehr, Vater—dann ist alles gut!‹ Und er schmiegte sich in seines Vaters Arm und verfiel beruhigt in Schlaf.

Hast du mich jetzt verstanden, Mehmed Ali?«

Aber der Haiwanli gab zur Antwort: »Ich habe verstanden, Derwisch Baba, daß ein Vater aus einem Wolkenschlitz ein Märchen machte, um sein ängst-

liches Kind zu beruhigen. Ist das etwas so Besonderes?«
Erstaunt wandte sich der Derwisch an Seifullah, der mit einem stillen Lächeln die Unterhaltung verfolgt hatte, und fragte diesen: »Hast du mir nicht gesagt, Freund und Bruder, daß dieser Mann von großer Frömmigkeit sei und alles auf Allah beziehe? Wie kann es dann geschehen, daß er so verneinend solches Geschehen aufnimmt?«
Seifullah sagte ruhig: »Das kann deshalb geschehen, weil du bisher nichts von Ischa selbst berichtet hast, o Derwisch Baba, sondern nur von irgendeinem Dewdji, der seinem Knaben das Bangen ausredete und dazu einen geheiligten Namen gebrauchte. Wenn du von ihm sprechen würdest, ihm selbst, Ischa Hazaretlery, dann würde Mehmed Ali, eben deshalb, weil er in allem Allah sieht und sucht, dir gewißlich gläubig lauschen. Ist es so, mein Freund? Habe ich recht gesprochen?«
Mehmed Ali neigte sich zur Seite, wo Seifullah saß, sagte in seiner ruhig-höflichen Art: »Du hast mit jedem Worte recht, das du gesprochen hast, Seifullah Bey. Ich bin immer bereit, zu lernen und zu lauschen, und ich komme mit großer Erwartung her zu dir, o mein Freund. Aber was ein Dewdji denkt oder um seines Sohnes willen sich erdenkt, vermag

mir nichts zu künden über einen der Allah Nahen — das wolle mir der Derwisch Baba vergeben und mir glauben, daß ich zu jeder Ehrfurcht für seine Worte bereit bin.«

Wieder grüßte der Derwisch, und der Luftzug brachte den Gruß zu Mehmed Ali, der die Perlen des Tesbieh weiter durch die Finger gleiten ließ. Aber der Derwisch fühlte sich durch dieses Zeichen der Gleichgültigkeit nicht gestört, sagte vielmehr eifrig: »Versteht ihr beide denn nicht, daß es sich gar nicht um den Dewdji handelt, sondern einzig und allein um das Kind? Daß dem Knaben der Gedanke an Ischa so nahe war, er ihn so stark empfand, daß er aller Furcht und Unruhe ledig wurde und ruhig in seinem Schutze einschlief — das ist's, was ich versuchte euch nahezubringen. Statt dessen redet ihr von Märchen und dem Dewdji! Es ist erstaunlich, wie verschlossen das Denken manchmal sein kann, auch derer, die meinen, es dem Worte des anderen geöffnet zu haben. In Wahrheit, erstaunlich!«

Seifullah sah den Blinden an, und Mehmed Ali wandte den Kopf zu ihm, sagte sehr leise: »Der Derwisch Baba hat recht, wir haben vorbeigehört an dem, was er sagte. Wollest uns mehr berichten von Ischa, ich bitte darum!«

Ein kurzes Schweigen entstand, dann begann der Derwisch wieder zu sprechen, sagte halblaut:
»Es war eine Karawane, die durch die Wüste zog, und sie alle, Mensch wie Tier, waren zu Tode erschöpft. Selbst die Kamele, die immer vom Vorhandensein des Wassers wissen, hatten keinen Wasserruf ausgestoßen, und ihnen allen war, als sei das Ende für sie gekommen. Einer war dabei, der seufzte, tief erschöpft, kaum mehr hörbar: ›Wo bist du, Ischa, hast du uns vergessen?‹ Da erklang nahe ein Lachen, und eine Stimme sagte: ›Ich vergaß euch nicht, doch ihr mich. Nun fühlt den Schatten und seht, dort ist Wasser! Seht ihr es schimmern?‹
Sie schauten nach oben, zuerst — und über jedem ihrer Häupter schwebte der tiefe Schatten einer Hand — über eines jeden Haupt. Dann blickten sie hinunter, sahen im Sande der Wüste, dem heißen, dem trockenen, Fußstapfen, die Spuren von Füßen — weit zurück und auch vorwärts, und in jeder Fußspur glänzte es von Wasser, das nicht versickerte.
Die Kamele beugten sich nieder, es zu schlürfen, aber weniger wurde es nicht, das frische, das kühle Wasser im brennenden Sande, und die Männer glitten zu Boden, legten sich mit den Gesichtern in die Wasserkühle und tranken sich neue Lebenskraft aus unversiegbarer Frische, während über eines

jeden Haupt weiterhin die kühlende Schattenhand schwebte.

Als sie sich erhoben, neigten sie sich tief zum Osten hin, und sie sagten wie mit einer einzigen Stimme: ›Dank dir, Ischa Hazaretlery, du Gesegneter Allahs!‹ Da klang wieder das frohe, das freie Lachen, und die Stimme sagte: ›Ein andermal, wenn ihr dürstet, wartet nicht so lange, ehe ihr mich ruft, denn wenn der Ruf nicht kommt, darf ich nicht zur Hilfe eilen, außer es geht um euer Leben. Allaha ismagladih, o meine Kinder!‹

Die Stimme schwieg, das Wasser versickerte langsam, aber die Schattenhand geleitete sie bis an ihr Ziel, über eines jeden Haupt schwebend. Viele Tage und Nächte lang verspürten diese Männer keinen Durst mehr, so vollkommen war die Erquickung gewesen, die Ischa ihnen brachte. Elhamdüllülah.«

Der Derwisch schwieg. Das fast lautlose Gleiten der Perlen des Tesbieh von Mehmed Ali hatte längst aufgehört, und reglose Stille herrschte. Hauchleise sagte der Haiwanli: »Mehr, Derwisch Baba, noch mehr!« Seifullah nickte zu dieser Bitte, und der Derwisch lächelte still, sprach weiter.

»Wieder in der Wüste war es, daß ein Streit ausbrach unter einigen Räubern, die Rennkamele gestohlen hatten und sich nicht zu einigen vermochten, wie die Verteilung vor sich gehen solle. Sie wurden mehr und mehr zornig und gingen endlich mit Messern aufeinander los, entschlossen, den Streit nur durch Blut zum Abschluß zu bringen. Da, auf der Höhe ihrer Kampfwut, doch ehe noch Schaden angerichtet worden war, erklang wieder das gottfrohe Lachen, und eine Stimme rief: ›Hört auf, meine Brüder! Es ist nicht gut, daß die Kinder Allahs sich ein Leid antun.‹ Die Räuber hielten inne, sahen sich um, erblickten niemand, und der Oberste der Gemeinschaft rief zornig: ›Welcher Djin narrt uns? Er zeige sich!‹ Da kam das schöne Lachen wieder und auch die Worte danach: ›Kennt ihr denn meine Stimme nicht mehr, meine Brüder? Welche Torheit redet ihr von einem Djin? Schaut her!‹

Und wie wenn eine Wolke zerreißt, so wurde ihnen plötzlich sichtbar, wer da stand: er, Ischa! Schmal und schlank war er in ein weißes Gewand gehüllt, und um seine Schultern flog, von einem geheimnisvollen Winde bewegt, ein goldener Burnus, leuchtete wie Flügel des Lichtes, blendete, blendete!

Die Männer fielen nieder, sagten wie aus einem Munde: ›Ischa Hazaretlery!‹ und legten die Stirnen in den Sand.

Als sie sich erhoben, hatten sie vergessen, was sie vorher erregte, und es war wie der Nachklang jenes

gottfrohen Lachens, als sie sich anlachten, Freunde und Brüder wieder geworden, die heimzogen als glückliche Menschen, denen der Glanz unvergänglichen Lichtes geleuchtet hatte.«
Der Derwisch, der wie in die Ferne hin gesprochen hatte, so als sähe er alles, davon er berichtete, schaute jetzt herab und bemerkte, daß der Blinde das Gesicht in den Händen geborgen hatte. Er kannte diese Anzeichen tiefen Berührtseins, wenn er von Ischa sprach, und wartete in Ehrfurcht, um den Widerhall des gottfrohen Lachens nicht zu stören. Da sagte Mehmed Ali, als spräche er aus einem Traum heraus:
»Der Glanz des unvergänglichen Lichtes — das ist es! Nun weiß ich es, nun wurde es mir offenbar. Ischa ist es, der mir das innere Licht gegeben hat, Ischa Hazaretlery, er, der das Leuchten um sich hat — er ist's, er ist's — Ischa, o Ischa!«
Dem Derwisch rann ein Schauder über die Haut, denn: Hatte er nicht soeben berichtet, wie Ischa verlange, gerufen zu werden, auf daß er zur Hilfe komme? Und hier rief einer, rief aus tiefster Seele. Was, o was würde geschehen?
Atemlos lauschte der Derwisch, totenbleich war Seifullah, reglos der Blinde. Dann vernahmen sie alle drei geisterfern das zarte Echo eines Lachens, ver-

nahmen es und fielen nieder auf den Boden, die Gesichter in den Händen verborgen: drei in Andacht und tiefster Ehrfurcht Geeinte. So lagen sie wie niedergemäht eine Zeitdauer, davon keiner zu sagen wußte, ob sie lang, ob sie kurz war.

Dann begriff der Derwisch, daß es an ihm sei, die Versunkenheit zu enden. Er richtete sich auf, blieb in der Stellung des Knienden und sagte heiter, um wieder in das Leben des Tages zurückzurufen:

»Doch ist es so, daß Ischa besonders die Fischer liebt, und es war einer am Roten Meer, der lebte mühsam vom Ertrag seiner Arbeit mit den Seinen, denn das Rote Meer gibt nicht viele Fische her. Und ein Sturm erhob sich, einer jener plötzlichen, ganz wilden Stürme, wie sie dort üblich sind, der riß das eine Boot des Fischers mit sich, das er festgemacht hatte an einem Pfahl, während er selbst in einem anderen stand und das Netz einzog. Der mühsame Ertrag des langen Tages aber befand sich in jenem Boote, das nun kieloben im Wasser trieb. Verzweiflung erfaßte den Fischer, und er ließ sein Netz sinken, hob die Hände, rief: ›Wenn einer helfen kann, daß die Not mich nicht zerstöre, so ist es nur Ischa. Ischa, Ischa, hilf mir!‹

Da erklang das vertraute Lachen, das seine Nähe kündet, und über die Wellen daher kam Ischa geschritten, einem Fischer gleich gekleidet, dem ähnlich, der ihn rief. An einem Seilende zog er das verlorene Boot hinter sich her, so wie es Kinder mit einem Spielzeug zu tun pflegen, kam zu dem Fischer heran und sagte heiter: ›Was schreist du denn so, mein Bruder? Ich war ja schon beschäftigt, dein Boot zu suchen. Hier, nimm es aus den Händen eines Fischermannes! Aber habe acht, halte gut fest, denn es ist schwer, sehr schwer, voll wie es ist!‹

Der Fischer griff nach dem Seil, das Ischa ihm reichte, wollte sich über die helfende Hand in Demut neigen, da sah er, daß das Boot bis zum Rande mit Fischen angefüllt war. Er wollte glückselig danken, aber Ischa war fort.

Der Fischer bemerkte, wie das Meer sich beruhigte und wie sich lichte Fußspuren darin abzeichneten: Ischa schritt über die Wellen, er, der die Fischer liebte. Da beugte sich der Fischer tief herab und küßte die bitter salzigen Wellen des Roten Meeres, das Ischas Fußspuren trug. Sein Fischvorrat aber verging nie mehr, und seine Fische waren hinfort die frischesten, die besten weit und breit, so daß er ein Glücklicher und ein gläubiger Mann war und blieb, wie es denn nicht anders sein kann bei einem, der Ischa von Angesicht sah, den Gesegneten, den Allah Nahen — Elhamdüllülah.«

Der Derwisch hatte geendet. Stumm erhob sich Mehmed Ali, griff nach der Hand des Derwisch, führte sie an Mund und Stirn, wollte davongehen. Der Derwisch hielt die Hand fest, die die seine berührte, sagte leise: »Willst du nicht bleiben und noch einen Bericht hören vom Ewigen Imam?« Mehmed Ali fragte kaum hörbar: »Ist es von Ischa, was du zu sagen hast?« Der Derwisch verneinte, wollte noch etwas erklären, aber Mehmed Ali verneigte sich, murmelte: »Nur von ihm — niemals anderes mehr als nur von ihm«, grüßte zu Seifullah hin und ging mit seinen scheinbar so sicheren Schritten davon. Seifullah sah ihm nach und sagte leise voll banger Ahnung: »Ob ich ihn wiedersehen werde?«

Er sah ihn nicht wieder, denn an diesem Tage verlor der Bedesten seinen Haiwanli. Er, der ein Erleben so gewaltiger Art in sich verspürt hatte, vermochte es nicht mehr, dort zu sitzen am alten Brunnen und von Tieren zu berichten. Mochten sie auch die Geschöpfe Allahs sein, mochten sie zu seinen Boten bestimmt sein — was bedeutete es gegen jenen, der aus Licht und tiefer Heiterkeit kam, ein Helfer, einer, der zu dem Menschen »Bruder« sagte und dem die Wasser der Welt Boden für das Schreiten seiner Füße waren?

Wenn Mehmed Ali es späterhin vermochte, so würde er seinem Weibe wie seinem Kinde von diesem Wunder berichten, und er würde still neben und mit ihnen leben, bis jene Stunde kam, da er in dem sicheren Wissen, es sei die letzte irdische, rufen würde: »Ischa, Ischa, hilf!« Und das Lachen, das gottfrohe, würde erklingen, Ischa würde auf den Wassern der Ewigkeit dahergeschritten kommen, seinen goldenen Burnus um ihn schlagen und ihm die Augen öffnen, die auf dieser Erde verdunkelt gewesen waren, dann aber alles sehen würden, was Herrlichkeit und Freude bedeutete.

Welch ein Reichtum war sein geworden, welch ein strahlendes Wissen von der Nähe eines, der Allah nahe war! Würde er jemals wieder ein Wort sprechen, eines, das den anderen Mitteilung sein sollte, so könnte es immer nur das eine sein: »Ischa!« — doch dieses war zu kostbar, um es auf die Zunge zu legen.

So verlor der Bedesten den Haiwanli, der Haiwanli aber gewann das gottfrohe Lachen, lebte in Licht und tiefer Freude, während andere sich noch von dunklen Dingen einfangen ließen. In Versunkenheit berichtete der Derwisch dem bleichen Seifullah vom Ende aller Dinge, sagte:

»Am Ende aller Dinge werden da die Schlangen

sein, die die Zeit umschlingen. Sie ruhen auf einem tiefen, tiefen Grunde, und eine hält die andere an der Spitze ihres Schweifes fest, und so umschlingen sie die Zeit. Solange sie sich nicht rühren, gibt es die Zeit. Wenn aber der Ruf kommt, der gewaltige Ruf, der Ruf der drei Stimmen und noch einer, der Ruf Moischis, der Ruf Ischas, der Ruf Mohammeds, und dieser Ruf sagt: ›Jetischdik‹ — das ist: ›wir langten an‹ —, dann lösen die Schlangen dieses Halten des Schweifes der anderen, und die Zeit ist nicht mehr. Ein riesenhafter schwarzer See tut sich auf, und in diesen See stürzen sich alle Meere und alle Fische der Meere. Die Fische aber sind es, die die großen Geheimnisse hüten. Die Fische sind es, die das Leben des Meeres nicht nur bedeuten, sondern auch Geheimnisvollstes, was Menschen nie sehen und wissen.

Und so stürzen alle Geheimnisse und alle Sehnsüchte der Menschen mit den Fischen zugleich in diese dunkle, gewaltige Tiefe. Als letztes aber stürzen hinein der Mond und sein Licht, während die Sonne noch oben bleibt, gehalten von diesen drei Stimmen, denn sie sind das Licht.

Und aus dieser Sonne kommt dann der Ewige Imam. Er ist es, auf den der Moslim wartet, denn er weiß: der Ewige Imam vereint alles, was Men-

schen jemals geglaubt haben und worum Menschen jemals gekämpft haben.
Alle Wunden, die sie sich geschlagen haben im Namen Ischas, im Namen Mohammeds, im Namen Moischis — alle diese Wunden vergehen, und plötzlich ist der gewaltige Friede da.
Und der Ewige Imam steigt auf dem letzten Sonnenstrahl hinab zu dem letzten Mondlicht, das sich dort unten in dem Schlangenteich bewegt.
Und dann ist die Welt vollendet.«
Tiefes Schweigen lag über dem kleinen Raume, durch den der Reichtum und die Seltsamkeit der Wüstenwelt geströmt war. Tiefes Schweigen schien sich weiterhin auszubreiten über alles, was der große Kaufherr an Pracht und Absonderlichkeit des weiten Orientgebietes um sich angesammelt hatte. Das Schweigen schwang einer dunklen Wolke gleich weiter hinaus, umfing den alten Brunnen des Bedesten und versenkte dessen Peri in Trauer und Leid. Doch jenseits allen Kummers und aller Dunkelheit lebte im Lichte Ischas Mehmed Ali, ein Gesegneter. Elhamdüllülah.

Wortverzeichnis

Amihn: Amen
Anadolu: Anatolien
Anna: Mutter
Asker: Soldat
At: Pferd
Azan: Gebet
Babusch: weiche Hausschuhe
Bazar: Verkaufsplatz
Bazarlik: Handeln um Preise
Derwisch: Wandermönch
Dew: Kamel
Dewdji: Kamelhüter
Djehennet: Paradies
Dji: angehängte Tätigkeitssilbe
Djin: unguter Geist
Djumagün: Freitag
Eskemleh: Schemel
Fiat: Preis
Fil: Elefant
Haiwan: Tier
Haiwanli: der vom Tier
Hamam: Bad
Hastahaneh: Krankenhaus
Hazaretlery: verehrungswert, geheiligt
Hedjir: Flucht Mohammeds aus Mekka
Inek: Kuh
Kanatlar: Flügel
Kaweh: Kaffee
Ketschi: Ziege
Kusch: Vogel
Kütschük: klein
Marifet: Wunderstück
Medresseh: Schule in den Moscheen
Melekler: Engel
Memleket: Heimat

Padischah: Herrscher, Sultan
Peder: Vater
Quran: Koran
Rum: das westliche Land
Sehis: Pferdeknecht
Sewgülüh: Geliebter
Sheitan: Teufel
Tesbieh: Rosenkranz
Tolumbadji: Pumpenverseher, Feuerwehrmann
Tschibuk: langer Zigarettenhalter
Tschiftlik: Landwirtschaft
Tschodschuk: Kind, Knabe
Yahudi: Jude
Yalandji: Lügner

NB Das besitzanzeigende Prädikat wird im Türkischen durch angehängte Buchstaben gekennzeichnet, z. B.: Anna = Mutter, Annam = meine Mutter. Peder = Vater, Pederim = mein Vater. Das »Dji« wird besonders kenntlich im Wort »Yalandji«, denn Lüge heißt Yalan, der Lügner ist der Yalandji, sozusagen der Behandler der Lüge.

ESvK.

Bella Chagall

Erste Begegnung

Mit 38 Zeichnungen von Marc Chagall

In diesem zärtlichen Erinnerungsbuch schaut Bella Chagall noch einmal zurück auf die mystisch-geheimnisvolle Welt ihrer Kindheit und Jugend. Bilder aus dem alten Rußland, Szenen aus einer versunkenen Zeit, erinnert und aufgezeichnet für den Lebensgefährten und von ihm mit zarter Hand illustriert. «Sie schrieb, wie sie liebte, wie sie lebte, wie sie ihre Freunde aufnahm», sagt Marc Chagall in seinem Nachwort zu diesem Buch. «Ihre Worte, ihre Sätze gleichen dem Atem der Farbe auf der Leinwand.»

200 Seiten. Geb.
Taschenbuchausgabe: rororo 1630

Es liegt ferner vor:

Brennende Lichter

Mit 39 Zeichnungen von Marc Chagall
232 Seiten. Geb.
Taschenbuchausgabe: rororo 1223

Rowohlt

Pearl S. Buck

Nobelpreisträger

Ostwind – Westwind
Eine Chinesin spricht · rororo Band 41

Die Mutter
Roman · rororo Band 69

Die Frau des Missionars
Roman · rororo Band 101

Die erste Frau
und andere Novellen · rororo Band 134

Der Engel mit dem Schwert
Roman · rororo Band 167

Die springende Flut
Erzählungen · rororo Band 425

Letzte große Liebe
Roman · rororo Band 1779

Die schönsten Erzählungen der Bibel
rororo Band 1793

Alle unter einem Himmel
Roman · rororo Band 1835

China – Gestern und heute
Mit Fotos · rororo Band 1930

Land der Hoffnung, Land der Trauer
Roman · rororo Band 4049

rororo

Gesamtauflage der Werke
von Pearl S. Buck in den
rororo-Taschenbüchern:
über 2,2 Millionen Exemplare